LA MORT EN FACE

MARION ET ROMAIN
GROSJEAN

COLLECTION DIRIGÉE PAR FRÉDÉRIC VEILLE

City
Biographie

ISBN : 978-2-8246-1943-9
Code Hachette : 82 3351 1
Catalogues et manuscrits : city-editions.com

Dépôt légal : Octobre 2021

Sommaire

À Sacha, Simon et Camille,
À leur bouclier d'amour.

Résilience.

Nom féminin.

Aptitude à surmonter les traumatismes.

Romain

6 dixièmes de seconde.

C'est le temps qui sépare ma collision avec Daniil Kvyat de l'impact contre le mur sur lequel je vais me fracasser, à plus de 192 km/h.

27 secondes.

La durée pendant laquelle je resterai coincé dans ma monoplace, transformée en brasier géant.

Me battre contre le chrono, le faire tomber, c'est l'essence même de mon métier. Mon corps et mon cerveau sont entraînés pour tout anticiper ; le moindre changement de trajectoire, le moindre imprévu, le moindre dérapage. Ils sont affûtés pour me permettre d'analyser chaque détail en un battement de cils. Pour qu'ils encaissent les chocs, aussi.

Quand on sait que la voiture part.

Quand on n'est plus qu'un simple passager à son bord.

Quand on comprend qu'il n'y a plus rien à faire. Plus rien d'autre que croire en sa bonne étoile, et espérer qu'elle soit bien haut dans le ciel, ce jour-là.

Je suis de cette génération de pilotes qui a porté le cercueil de Jules Bianchi, et pleuré la mort d'Anthoine Hubert. J'ai une conscience très fine du danger. Et je sais exactement quelle est la procédure, lorsque l'on est impliqué dans un accident, et que l'on n'est plus maître de rien. Cent fois j'ai répété ces gestes dans ma carrière, en à peine quelques fractions de seconde.

Lâcher le volant, pour éviter de prendre un retour qui risquerait de nous briser les os des mains.

Ramener les bras en croix le long du corps.

Fermer les yeux, puis attendre que tout s'arrête. Même le temps.

Pourtant on ne peut pas arrêter le temps, c'est absurde. J'en ai bien la preuve, le 29 novembre 2020. Le chrono a continué sa course, je viens de vous en donner les chiffres : 6 dixièmes, puis 27 secondes. Ils ne peuvent pas mentir, ces chiffres ; ils disent tout de la violence du choc, et de l'explosion qui s'est ensuivie.

Mais malgré ma réflexion purement cartésienne, en ce dimanche de Grand Prix banal, rien n'aura de sens. Rien ne se passera comme prévu. Et j'ai eu beau conditionner mon corps autant que mon cerveau, me préparer à tout et imaginer le champ des mille *scenarii* possibles, je n'ai rien pu appliquer de la procédure habituelle.

Je n'ai pas lâché le volant. Je n'ai pas ramené mes bras en croix. Je n'ai peut-être même pas fermé les yeux, et j'ai, encore moins, attendu. Heureusement d'ailleurs ! C'est ce qui m'a en partie sauvé la vie. Car, pour la première fois de ma carrière, je n'en ai pas eu... le temps.

Ironique, non ?

Le temps est une notion très élastique.

Je n'ai eu le temps de rien ; pourtant, les secondes ont compté double, croyez-moi, lorsque les flammes déchiraient le cockpit. Et c'est au ralenti, je m'en souviens, que j'ai pensé :

Voilà. C'est ici, et maintenant, que je vais mourir.

Comment, et pourquoi, suis-je sorti vivant ? Je peux aisément répondre à la première question ; beaucoup moins à la seconde. Le monde entier a parlé d'un « miracle », et j'en porte, depuis, la responsabilité autant que les stigmates. C'est l'une des raisons pour lesquelles je suis heureux de témoigner ici.

L'idée n'est pas d'être hanté jusqu'à la fin de mes jours, rassurez-vous, malgré les questions effrayantes qui m'ont traversé l'esprit.

Est-ce que ça va faire mal ?

Quelle partie de mon corps brûlera en premier ?

L'idée est d'accepter ce qui m'est arrivé, et de vivre avec. Autrement, bien sûr, et plus fort qu'avant.

« Un dimanche de Grand Prix banal ».

C'est ce que je viens d'écrire, et c'est ce qui me reste des minutes précédant l'accident.

Nous sommes le 29 novembre 2020. J'ai bien dormi, comme souvent lors des week-ends de course. La journée est un peu longue ; l'épreuve va se dérouler à la nuit tombée, après 17 heures.

Qu'ai-je alors fait, pour « tuer le temps » ?

Ce temps que j'incrimine, mais qui a aussi été mon allié dans cette expérience effarante.

Je me rappelle que dans la matinée, j'ai entretenu une longue discussion avec Ayao Komatsu sur les dangers des 500 miles d'Indianapolis, et des courses sur les circuits ovales, d'une manière plus large. Quand j'y repense, quel étrange présage ! Ayao est le chef ingénieur de Haas, mais nous avons débuté côte à côte en F1 chez Renault en 2009. Vous pouvez donc facilement imaginer l'étroitesse de nos rapports, construits au fil des années. Ensemble, nous avons tout vécu, et tout partagé ; les bons comme les mauvais moments. Je connais sa femme et ses enfants, qui ont le même âge que les miens. Je suis allé dîner chez eux à plusieurs reprises en Angleterre. Et il ne se passe pas un Noël sans qu'ils ne nous envoient une carte ou un cadeau. Aucun mot ne peut décrire l'horreur que va leur infliger, à eux également, le dramatique spectacle de ma monoplace déchiquetée.

Enfin. Il va être l'heure.

Dans le motorhome, toutes mes affaires sont bien alignées à leur place. Mon casque, ma combinaison, mes sous-vêtements ignifugés. Comme toujours, sous l'impulsion de Kim Keedle, mon physiothérapeute, j'ai déjà réveillé mes réflexes en jonglant avec des balles. Probablement mangé un sandwich au déjeuner. Envoyé un message à Marion, pour évoquer les devoirs de Sacha. Partagé des informations sur la grille avec mes gars. Peut-être même une blague ? Je ne suis pas d'une nature inquiète avant de me sangler dans la voiture, même si j'ai toujours trouvé paradoxal d'être propulsé subitement seul en piste alors que le reste du temps, on est entouré par une centaine de personnes. La F1, sport collectif, somme toute !

Je revois la procédure.
Tout est normal.
Aussi normal que possible.

Après m'être aligné comme les autres pour écouter l'hymne national du pays, je retourne auprès de ma monoplace, et me glisse dedans, en montant du côté droit. Pas par superstition, mais par habitude. De mes deux mains gantées, je resserre ma prise sur le volant ; presse un peu plus fort pour dégourdir une dernière fois mes articulations, et en appeler à des sensations si familières depuis dix ans.

Je fais le vide autour de moi. Ferme sûrement les yeux un bref instant, afin de me concentrer, et de canaliser mon énergie. La voiture doit devenir le prolongement de moi-même. Mon corps et ma tête n'existent plus que pour ce moment-là, et je sais qu'il en va de même pour les dix-neuf autres pilotes qui m'entourent.

Nous ne sommes plus dominés que par notre instinct ; c'est presque animal.

Ce « *moment-là* » ?
Lorsque les feux s'éteignent.

Je m'élance du dix-neuvième rang. J'ai beau voir leur lumière de très loin, je les distingue parfaitement. Et, pour quelques fractions de seconde encore, je suis seul maître de mon destin.

Marion

Marion et Romain sont deux anagrammes. L'aviez-vous remarqué ? Les lettres de nos prénoms s'entremêlent comme nos vies, depuis treize ans.

Treize années marquées par le rythme aliénant des voyages et de leur décalage horaire, mais aussi par tout ce qu'exige le sport au plus haut niveau : la rigueur, l'acceptation du danger, l'angoisse, l'adrénaline, la discipline ; la rage de vaincre et la haine de perdre.

Loin de moi l'obsession de m'en plaindre. Bien au contraire ! Cette carrière, nous l'avons tous embrassée avec passion, Romain, les enfants et moi. Lui, par choix. Nous, par amour.

Treize années, oui.

Treize années au cours desquelles, rapidement, Romain a appris à se dédoubler, enfilant à tour de rôle la combinaison de pilote et celle de super-papa, d'une semaine sur l'autre ; quand il n'était pas les deux en même temps.

— Allô ? Papa ? J'ai eu la meilleure note à ma dictée aujourd'hui !

— Oh mon Sachou... C'est formidable, ça ! Papa est trop fier de toi ! Écoute... Je suis en débriefing avec mes ingénieurs, là, mais je te rappelle tout de suite après, c'est promis.

— Tes quoi ?

— Mes ingénieurs... Les gars qui m'aident à régler ma voiture.

— Ah... Tu pourras faire une vidéo pour me les montrer ?

— Oui mon bonhomme, bien sûr. Je fais ça tout de suite après. Je t'embrasse et je t'aime, chéri.

— Allô ? Papa ? Elle ressemble à quoi, ta chambre d'hôtel ? Et quelle heure il est, chez toi ?

— Allô, mon amour ? Qu'est-ce qui s'est passé en qualif ?

— Dis... Tu peux montrer à Magnussen la vidéo que maman a faite de moi sur les skis ?

— Comment tu vas ? T'as mal nulle part ? C'était stressant, cet accrochage...

— Ça veut dire quoi, des sponsors, papa ? Julien en parle à la télé. Et au fait, tu rentres quand ? Dans combien de dodos ?

— Singapour, c'est quoi ça, papa ? Une ville ou un pays ?

Comme la plupart des parents, nous avons toujours protégé nos enfants. Nous avons préservé notre intimité et vous ne trouverez aucune photo de famille vendue dans les magazines. Nous n'avons même jamais pris de jeune fille au pair à la maison. Les nuits blanches ravagées par les poussées dentaires et les poussées de fièvre, nous les avons toutes assumées.

Ah ! Il fallait voir Romain, le célèbre pilote de F1, à 2 heures du matin, couvert de vomi, résultante de la gastro-entérite de la petite dernière ! Ou bien courir ventre à terre à la crèche pour un début de varicelle…

Je ne dis pas que ses faits d'armes sont exceptionnels ; bon nombre de pères en font tout autant. Mais son métier, en revanche, l'est à plus d'un titre ; et il a été parfois complexe de l'expliquer à Sacha, Simon et Camille. Il a fallu faire le tri entre ce qu'il était essentiel de connaître sur le travail de papa, et les détails futiles.

Pour ce qui est du futile, facile ! J'évoquerai seulement en guise d'exemple les déferlements de haine sur les réseaux sociaux. Les enfants savent que leur père est connu et reconnu, même, à tous les coins de rue, c'est déjà suffisant. Ils ont donc pris l'habitude de s'arrêter et d'attendre gentiment, lorsque quelqu'un interpelle Romain pour un selfie ou une dédicace.

En ce qui concerne l'essentiel, en revanche, c'est plus délicat. Ainsi, avec la lucidité de leur âge, ils apprennent rapidement que le métier comporte certains risques.

Doivent-ils regarder les courses ? Combien de fois ai-je interrogé leur pédiatre à ce sujet ?

Ils n'ont jamais assisté à un Grand Prix de F1 sur place, mais ont tout de même le droit, selon leur propre volonté, de suivre ou non l'épreuve à la télévision lorsque l'horaire le permet. Ce n'est pas un rituel, mais ce n'est pas interdit non plus. Je ne veux pas les inquiéter, comme je ne veux pas le leur imposer.

Le 29 novembre 2020, ils seront avec moi, dans la salle cinéma, au sous-sol de notre maison, en Suisse. Ils viennent de rentrer d'un court week-end à la montagne, et Camille n'a pas fait la sieste. Ça n'arrive jamais, habituellement, mais comme je travaillais à Paris la veille au soir, mon beau-père et son épouse avaient accepté de garder les trois enfants, puis les avaient reconduits à notre domicile juste après le déjeuner.

— Restez regarder la course, c'est trop bête, ai-je dû leur dire. Nous ne regardons jamais les courses de Romain ensemble.

Il faut en « profiter » ; c'est son antépénultième Grand Prix en Formule 1. Et puis, selon Romain lui-même, « il se passe toujours quelque chose à Bahreïn » ! Je ne compte plus les fois où il m'a proposé de l'y accompagner.

« Tu adorerais le circuit, et l'hôtel est fantastique », argumentait-il.

Je n'y ai jamais mis les pieds. Bahreïn… Une destination qui ne me plaisait pas tant que ça.

Ce dimanche 29 novembre, la salle cinéma est dans la pénombre, même en plein après-midi. Avec les deux heures de décalage horaire, il fait nuit sur le circuit de Sakhir. D'ordinaire, j'allume plus volontiers la télévision dans le salon, baigné par de grandes baies vitrées, mais aujourd'hui, puisque mon beau-père est là, autant profiter de l'écran géant tous ensemble.

Profiter. J'emploie de nouveau ce verbe et il sonne étrangement, *a posteriori*.

Comment l'atmosphère si singulière pouvait-elle présager de ce que nous allions subir ? De ces instants suspendus ? De ces deux minutes et quarante-trois secondes d'incertitude, et d'épouvante ?

Le temps. J'en viens, moi aussi, à cette notion élastique que Romain a mentionnée précédemment.

2 minutes et 43 secondes ; c'est le chrono qui s'écoule entre l'impact et le plan bien cadré sur le visage du père de mes enfants, assis dans la voiture médicale. Hagard et blême, mais vivant.

2 minutes et 43 secondes exactement, pendant lesquelles mille pensées me sont venues, je les évoquerai en détail ultérieurement. L'une d'entre elles, plus lancinante que les autres, défie toutes mes convictions ; moi qui n'ai aucune croyance mystique.

Si mon anagramme était morte, je le saurais forcément.

Je n'ai aucune croyance mystique, mais je crois dans la force de la nature humaine.

Il faut assister au spectacle d'un Grand Prix de Formule 1 pour se rendre compte de la violence de l'événement.

Comment ne pas devenir fou dans ce microcosme qui mêle l'euphorie de la gloire aux accidents les plus tragiques ?

L'ultramédiatisation, exacerbée par les risques encourus à l'extinction des feux rouges, donne le vertige. Les saisons comptent double, en pression et fatigue.

Pourtant, en marge des paddocks, la vie suit son cours et la nôtre ne sort pas de l'ordinaire. En treize ans : un mariage, des enfants, les deuils d'amis chers. Quoi de plus banal ?

Je ne m'attarderai pas sur notre vie privée, parfaitement rangée. En revanche, j'ai bien conscience d'être le témoin privilégié d'une carrière hors du commun. Il suffit de compter par milliers les messages de sympathie post-29 novembre 2020. Il suffit aussi de compter le nombre d'élus en Formule 1, et la longévité de Romain au plus haut niveau. Il n'y a que vingt sièges disponibles. Vingt sièges convoités par les pilotes du monde entier. Vingt sièges, et neuf années consécutives à en occuper un.

Ce livre est donc davantage le récit d'une épopée fantastique qu'une déclaration d'amour à nos enfants. Ils n'en ont pas besoin pour savoir combien nous les adorons ; nous le leur assénons assez chaque jour ! Mais, comme tout ce que nous entreprenons est pour eux, et comme ce sont eux qui ont sauvé Romain, eux qui l'ont poussé à se battre pour survivre et s'extraire des flammes, nous leur dédions, bien sûr, chacune de ces pages.

Ils ne se souviendront pas des années F1 de leur père. Ils n'en sauront que ce qu'il leur expliquera, avec sa conscience de « miraculé », et la responsabilité qui lui incombe à ce titre désormais. Tout le reste de sa vie sera conditionné par cette idée. Parce qu'il aurait pu ne jamais pouvoir témoigner. Parce qu'il aurait pu ne jamais plus serrer ses enfants dans ses bras.

Alors, pour parer à toutes vos questions, Sacha, Simon, Camille, j'ai demandé à papa de me raconter son histoire ! Sa vérité. Mais aussi son 29 novembre 2020. En guise de clin d'œil à qui nous étions, à la journaliste et au pilote, à l'intervieweuse et à l'interviewé, je l'ai interrogé, avant de tout retranscrire, consciencieusement.

Et voici ce qu'il m'a dit…

I

Itinéraire d'un enfant prodige

Romain

De mes débuts, je ne me souviens pas de grand-chose, pour être honnête ! Me restent des sensations, des odeurs, l'excitation de la vitesse et de l'adrénaline, ainsi qu'une petite cicatrice à la cheville gauche, après m'être brûlé avec un pneu... La première d'une longue série ! Elle s'est presque effacée, avec le temps.

C'était un été, j'en suis sûr. À Fréjus, en 1996, pendant les vacances. Qui, de mon père ou de moi, a eu l'idée de faire un tour en karting ? Juste pour essayer ? Je ne sais pas. Une seule certitude : j'ai dû suffisamment m'enthousiasmer pour recevoir à Noël, six mois plus tard, un kart en cadeau. L'objectif était de partager quelques parties de rigolade, puisque mon père s'en était également acheté un. Christian Grosjean, le « Cricri », comme tout le monde le surnomme affectueusement. C'est un passionné de sport, d'émotions, de trajectoires tirées au cordeau, et il a de qui tenir ! Mon grand-père, Fernand, fut vice-champion du monde de slalom géant en 1950 à Aspen. D'ailleurs, c'est vers une carrière de skieur que je me dirige, plus jeune ; seules m'en écarteront les sordides histoires de dopage qui ont éclaboussé le milieu dans les années 1990. Il n'en était pas question chez nous ! Mais ceux qui me connaissent savent combien j'étais proche de Fernand ; un montagnard authentique, simple, sans malice… Lui-même fils d'un champion de bobsleigh. La glisse, chez les Grosjean… Il faut croire qu'elle est transgénérationnelle !

« Quelques parties de rigolade »… Celles-ci ont vite trouvé refuge à Scientrier, en Haute-Savoie, tous les mercredis après-midi et samedis matins, entre 1997 et 1999. C'était à une vingtaine de minutes de là où nous habitions, en Suisse. J'ai la chance d'être binational car ma mère est franco-suisse, mais j'ai grandi et étudié à Genève. Je dis d'ailleurs « septante » et « nonante », et non pas « soixante-dix » ou « quatre-vingt-dix » ! J'utilise la « panoz » en guise de serpillière. Je donne volontiers mon numéro de natel, pas le numéro de portable ! Je pourrais continuer comme ça un long moment, avec le vocabulaire de mon pays natal. Je me souviens comme Marion a éclaté de rire lorsqu'elle a reçu l'un de mes premiers textos… « Je me réjouis de te voir », lui avais-je spontanément écrit, en 2008. Il paraît que le verbe « se réjouir » est désuet, et peu utilisé dans le microcosme branché parisien… ! Je suis tombé des nues quand elle me l'a fait remarquer.

À la fin de l'année 1999, mon père m'inscrit à ma première course, à Lyon, en ligue Rhône-Alpes. Je l'ai dit, je ne me souviens pas de grand-chose. Seulement que je n'avais pas passé un très bon week-end !

L'an 2000 marque ensuite ma première saison en karting, en championnat de France, catégorie cadets. Cricri finance la saison ; à l'époque, dans les 40 000 euros. Je passe plus de temps à m'accrocher avec mes adversaires qu'à rouler, surtout avec une autre pilote de queue de peloton : Adeline Sangnier. Pour l'anecdote, je la retrouverai bien des années après, au bras d'un ami proche, Jean-Baptiste Dubourg, champion du Trophée Andros. Adeline, elle, s'illustrera en rallye-cross.

Les années karting ne m'ont pas révélé, il faut l'avouer. À ma décharge, j'ai commencé très tard, bien plus tard que les autres. Cricri tient à ce que je travaille correctement à l'école, et l'autorisation de piloter est la récompense suprême de mes efforts scolaires.

En 2001, ma saison est tronquée par un accident à Valence. Je passe par la case hôpital : clavicule droite cassée. Une fracture douloureuse mais somme toute banale dans la discipline, et elle ne suffira pas à me décourager. Je suis dur au mal ! À mi-saison, me voilà déjà de retour, dans une autre équipe. Je roule alors sur un châssis qui n'a pas évolué depuis 1996. Un châssis vieillissant, qui avait vu la victoire d'un certain Jenson Button cinq ans plus tôt. Grand bien lui fasse ! En 2001 et 2002, il est largement dépassé et je me sens frustré.

Pourtant, le karting me permet de faire mes premières armes. Et, pour monter d'un cran et me prouver que le pilotage est avant tout une affaire de plaisir, mon père m'offre quelques tours de roue avec une Formule Ford fin 2002. Mes premiers dans une monoplace. C'est dire si mes résultats scolaires ne devaient pas être trop mauvais, finalement !

Enfin... Voilà ma mémoire qui revient au fur et à mesure que j'évoque ce souvenir, et mes yeux brillent. Nous sommes sur le circuit du Laquais, près de Lyon, avec quelques autres pilotes. Est-ce que je pouvais imaginer, alors, que les paddocks deviendraient un jour mon bureau ? Que, dix ans plus tard, j'intégrerais l'élite de la Formule 1 ?

Non.

Même dans mes rêves les plus fous !

Fort de cette mini-expérience, je participe au volant Lista, en Suisse, en début d'année suivante. Il y a un enjeu non négligeable : le gagnant se verra offrir une bourse pour payer une partie de la saison dans un championnat helvétique : la Formule Renault 1 litre 6.

Ce gagnant, ce sera moi, et je m'alignerai pour la première fois sur une saison complète en monoplace.

Nous sommes en 2003, j'ai dix-sept ans, et une envie folle de tout exploser.

Le bilan est à l'image de la passion qui me dévore de plus en plus : dix courses, dix pole positions, dix victoires, dix meilleurs temps, sur des circuits comme Dijon, Hockenheim, Salzburgring, Varano… Je commence à voyager et découvrir l'Europe. Même si Marion me répète à tout-va que je suis plus Suisse que Français, je la bats à plate couture lorsque nous jouons à trouver les départements qui correspondent aux plaques d'immatriculation que l'on croise sur l'autoroute. 72 : la Sarthe. Circuit du Mans ! 58 : la Nièvre. Magny-Cours ! 64 : les Pyrénées-Atlantiques. Pau ! Et j'en passe…

Le titre en poche, j'effectue quelques tests en Formule Renault 2 litres pour participer, cette fois, au championnat de France. Du côté suisse de la frontière, les possibilités d'évoluer sont trop limitées. Il n'y a pas de circuit, pas de haut niveau. Je bénéficie d'une chance inouïe : la double nationalité. Mieux encore, et plus rare : mon père a autant les moyens que l'envie de m'accompagner jusque-là. Combien peuvent s'offrir le luxe d'un apprentissage en sport automobile ? Beaucoup d'entre nous verront leurs espoirs s'envoler, sans même démériter. Je me dois donc d'être irréprochable, car Cricri ne pourra pas continuer à payer trop longtemps. En 2004, il finance encore mon volant, à hauteur de 200 000 euros, dans une toute nouvelle équipe :

SG Formula. Stéphane Guérin, le patron, me prend sous son aile. J'y côtoie un autre pilote qui deviendra un ami proche : Guillaume Moreau. Je gagne une course cette saison, mais le meilleur *rookie* (traduisez « débutant » !), c'est Jérôme D'Ambrosio. Je le recroiserai, lui aussi, bien des années plus tard, dans la catégorie reine.

En attendant, je redouble, et n'ai plus le droit à l'erreur. Même équipe, même catégorie, et un sacre obtenu cette fois, devant Nicolas Prost, entre autres. Le sport auto commence à coûter cher à la famille Grosjean !

Heureusement, je suis rapidement repéré par le Renault Driver Development, une filière de management qui finance les carrières de jeunes talents. En septembre, je signe avec le « RDD », appartenant à Flavio Briatore, un contrat de dix ans : cinq ans pour me former et accéder à la F1, puis cinq ans d'exclusivité, une fois le plus haut niveau atteint. Une sorte de retour sur investissement pour ses dirigeants. Bruno Michel, le bras droit de Flavio, prononce alors cette phrase que je n'oublierai jamais : « Applique-toi car c'est le plus long engagement que tu signeras dans ta vie… À part, peut-être, le jour de ton mariage ! »

J'en ris, mais il avait raison !

En F3 Euro Series comme en Formule Renault 2 litres, j'écume le paddock deux années consécutives. La première pour apprendre, chez Signature ; la seconde pour gagner, chez ART, une équipe menée par le charismatique Frédéric Vasseur, futur patron d'Alfa Romeo Racing en F1.

Fred comptera beaucoup pour moi à l'époque, mais aujourd'hui encore. Il est l'un des rares à m'avoir appelé sans relâche après mon accident à Bahreïn pour prendre de mes nouvelles. En 2007, je décroche le titre sous son giron devant Sébastien Buemi, Nico Hulkenberg et Kamui Kobayashi. Qui peut se targuer d'avoir remporté des championnats aussi relevés, avec des pilotes qui accéderont tous au Graal, des années plus tard ?

Quand j'y repense... J'ai adoré ces années de formation. Il n'y a rien que je referais différemment. Et surtout, cette monoplace 2007 est, sans nul doute, avec la Lotus F1 de 2013, l'une des plus fantastiques voitures qu'il m'ait été donné de piloter. J'apprends mon métier tout en nourrissant ma passion. Quelle aubaine !

2

La dernière marche

Romain

« On ne change pas une équipe qui gagne », paraît-il.

On ne change pas, mais on évolue. En 2008, je reste avec ART, bien sûr, mais monte d'un cran, en GP2. L'antichambre de la F1. L'année commence alors par mon sacre dans la catégorie « Asia », et il opère comme un déclic.

C'est à ce moment-là que je sais. À ce moment-là, enfin, j'ose penser pour la première fois :

C'est possible.

Tout est possible.

Je peux peut-être devenir pilote de Formule 1.

En faire mon métier.

Un jour.

Malheureusement, la réalité rattrape mes rêves et le championnat européen ne se passe pas aussi bien qu'escompté ! Je me classe quatrième, après quelques erreurs et quelques coups de malchance (une crevaison au Hungaroring, une panne moteur à Magny-Cours, et j'en passe).

De cette saison, je retiens beaucoup de frustration, la procédure de divorce de mes parents, mais aussi ma rencontre avec Marion. Elle m'en voudrait si je ne l'évoquais pas ! Nous nous étions croisés, un peu plus tôt, à la cérémonie de remise des prix de la fédération française, pendant l'hiver. Elle était déjà journaliste et présentatrice d'*Automoto*, depuis plus de trois ans. Bien sûr, elle me faisait craquer mais... Elle à Paris, moi à Genève, il n'y avait pas beaucoup d'espoir en un avenir commun.

Nous nous sommes finalement retrouvés au Castellet, au printemps de cette année-là, entre deux courses. J'étais le parrain d'une opération promotionnelle de Renault : pour un euro supplémentaire lors de l'achat d'une Twingo RS, les jeunes qui venaient d'obtenir leur permis de conduire pouvaient bénéficier d'une journée de formation sur circuit, pour apprendre à améliorer leurs réflexes.

Je devais effectuer quelques démonstrations, elle venait faire un reportage sur l'initiative.

C'était la première fois que nous discutions vraiment ensemble, et le courant est tout de suite passé. En fin d'après-midi, nous avons pris l'avion pour voler tous les deux vers Paris, et je ne voulais pas la quitter.

— Viens dîner avec moi, lui ai-je proposé.

Elle a d'abord hésité car elle sentait le traquenard ! Une soirée en tête à tête ne semblait pas la brancher plus que ça. Je m'en suis rendu compte et ai ajouté, pour balayer toute supposition romantique :

— Ce ne sera pas juste nous deux, hein ? Il y aura Julien Fébreau aussi... Tu le connais ?

— Julien Fébreau ?

Coup de bluff gagnant ! À l'époque, Julien était journaliste pour RMC. Ils s'étaient déjà croisés sur le terrain, et elle l'appréciait beaucoup. Qui n'apprécie pas Julien ?

— S'il est là, ce sera alors avec plaisir, m'a-t-elle répondu. J'adore ce type !

C'était marché conclu. Me restait seulement à envoyer un message rapide et discret à « Juju » :

Euh... Tu ne le sais pas encore, Ju, mais on dîne ensemble ce soir, et c'était prévu depuis longtemps, pas de gaffe ! Il y aura Marion, de TF1.

Je ne lui laissais pas le choix ! Et il a répondu présent.

Ainsi avons-nous passé notre première sortie hors boulot, en tout bien, tout honneur, tous les trois. La suite prendrait un temps fou à raconter... Il a fallu des semaines et des mois pour que l'on finisse par franchir le cap, elle et moi !

Giorgio Pantano est sacré champion des European GP2 Series à la fin de l'année 2008.

Je ronge mon frein. Le RDD me propose de signer dans une autre équipe, chez Barwa, pour la saison suivante, et je sais que je n'ai aucune marge d'erreur possible. En jeu : une place en Formule 1 pour 2010, *si* je décroche le titre. J'essaie donc de mettre toutes les chances de mon côté : l'entraînement physique prend une place prépondérante. Je suis attentif à mon alimentation. Je dors beaucoup pour récupérer, et tente de garder la tête sur les épaules. Depuis 2007, je travaille dans une banque genevoise entre les courses. Je ne veux pas oublier qu'il y a un monde qui tourne en dehors des paddocks et du sport automobile. C'est important pour moi. Ce sont les valeurs que m'a transmises mon père.

Moi qui suis féru de biographies de sportifs, dont je me régale au cours de mes voyages en avion, j'apprends que mes « confrères » ont tous ce sentiment d'avoir sacrifié leur adolescence pour aller au bout de leurs rêves, quelle que soit leur discipline. En tennis, au basket, en judo... Tous évoquent leur abnégation acharnée, et la solitude qui en découle, quand on a une quinzaine d'années. Je me rends compte que je ne fais pas exception à la règle. Puisque je manquais l'école pour partir sur les circuits, il me fallait bien rattraper les cours, et travailler double à chaque retour à la maison, en renonçant aux sorties et virées avec les copains. En 2005, je me souviens notamment avoir remporté le championnat de France à Albi un dimanche. Le mardi suivant, je passais les oraux de la maturité, l'équivalent suisse du baccalauréat. C'était dingue, mais ça m'a construit. Ça m'a appris la rigueur et la discipline.

Mon travail semble enfin payer. En 2009, la saison commence par une victoire à Barcelone, dès la première course. Mon plus gros rival n'est autre que Nico Hulkenberg. On se connaît bien ; on se respecte, sans s'apprécier. C'était mon équipier chez ART deux ans plus tôt. Subsistent d'ailleurs entre nous de vieux griefs de l'époque… Je devrais en avoir honte, mais mieux vaut en rire ! L'anecdote vaut la peine d'être mentionnée.

Nous sommes en 2007, en F3 Euroseries. Nico n'ayant pas de voiture, je me souviens que j'étais chargé de l'emmener pour effectuer les trajets entre les circuits et les hôtels. Dès le premier rendez-vous de la saison, je conduisais donc tranquillement lorsque, devant l'entrée du paddock, Nico me dit brusquement :

— Arrête-toi ici.

Je m'exécute. Il descend alors du véhicule et se dirige vers notre stand, me laissant me débrouiller pour trouver où me garer, pendant qu'il prenait une longueur d'avance en commençant à travailler avec l'équipe ! Il me faisait passer un message clair : j'étais son chauffeur, son « second », et il serait le leader.

Évidemment, il n'en était pas question ! Il était peut-être « jeune et con », comme dit la chanson, mais je l'étais au moins autant que lui, je crois !

Lorsque je finis par le rejoindre, il me demande :

— Et mon sac à dos ? Tu l'as mis où ?

— Ton sac à dos ? Celui qui contient tes affaires et que tu as laissé dans MA voiture ? Ah oui... Ne t'inquiète pas, je l'ai sorti du coffre.

— Mais je ne le vois pas... Où est-il ?

— Eh bien, sur le parking ! Là où je me suis garé ! Je l'ai posé juste à côté de la voiture, tu n'as plus qu'à aller le chercher. C'est à une quinzaine de minutes à pied.

Le ton était donné. Imaginez notre obsession à dominer l'autre, à chaque fois que nos chemins se croiseront, longtemps après *l'affaire du sac* ! Mieux que d'autres, je sais combien Nico est tenace, et performant.

Il n'empêche qu'en GP2, ce vendredi de mai 2009 à Monaco, l'épreuve qui suit Barcelone, je remporte encore la course longue devant lui ; la deuxième consécutive. C'est mon année. J'ai trop conscience que tout le gratin de la F1 suit nos prestations avec intérêt.

Enfin... Le lendemain, je trouve aussi le moyen de me faire remarquer, lors de la seconde manche, mais à mon insu cette fois ! Je m'élance huitième, selon le principe de la grille inversée, puisque j'ai gagné la veille. J'essaie alors de remonter, englué dans un peloton difficile à doubler entre les rails de la principauté. Devant moi, l'Autrichien Andreas Zuber commet une erreur à la chicane du port ; il doit freiner 35 mètres plus tôt dans l'enchaînement du bureau de tabac. Ma faute est de ne pas l'anticiper. Je décolle sur sa roue arrière droite et finis ma course… dans les barrières, le museau de ma monoplace braqué vers le ciel, causant au cameraman posté dans le virage la plus grosse frayeur de sa vie ! Par chance, le fond-plat sera, certes, transpercé, mais entre mes jambes… Je ne suis pas blessé ; seule l'image est impressionnante. Elle me vaudra d'ailleurs une discussion amusante avec le prince Albert II, lors de notre rencontre.

— Ah ! C'est vous, le pilote qui s'est envolé ?

— Oui, c'est bien moi !

Je n'ai pas eu le temps d'avoir peur, mais j'ai pu me préparer à l'impact. Je me souviens avoir pris conscience de n'être plus maître de la voiture, une fois dans les airs. Alors, j'ai agi exactement comme je l'ai évoqué en avant-propos de ce livre : j'ai lâché le volant, pour éviter qu'il ne me brise les mains avec le retour de force. J'ai ramené les bras en croix sur mon torse, la position dite de « sécurité » pour tout pilote, et j'ai fermé les yeux, en attendant que ça passe. C'est passé !

L'année va être longue et éreintante, je le sens, car les enjeux sont colossaux. Je lorgne la F1, le paddock juste en face de celui du GP2 sur la plupart des circuits. Chez Renault F1, dont je suis le troisième pilote, l'ambiance est morose. Certes, il y a Fernando Alonso, qui, à lui seul, parvient parfois à électriser les foules et les dimanches tricolores, mais les performances de la voiture ne sont pas là, et tout magicien qu'il est, le double champion du monde ne peut pas faire des miracles chaque week-end. Il faut trouver des solutions pour redorer l'image de l'équipe. Après un piètre Grand Prix d'Allemagne, en plein milieu de saison, Pat Symonds, le directeur de l'ingénierie, me téléphone.

— Ne le dis à personne, mais on va virer Nelson Piquet Jr., et c'est toi qui le remplaceras en Hongrie dans deux semaines.

Nelson Piquet Jr., le second pilote titulaire, ne convainc pas aux côtés d'Alonso. Les résultats sont médiocres, il faut bien faire semblant de régler les problèmes, et mieux vaut décapiter les têtes exposées plutôt qu'incriminer la hiérarchie. Le Brésilien est un bouc émissaire tout trouvé ; personne n'imagine qu'il peut faire des vagues.

Je n'ai plus l'esprit au GP2. Les sirènes de la F1 chantent pour moi. Pourtant, dès le lendemain, Bruno Michel me rappelle.

Fausse joie.

— Finalement, ils acceptent de laisser une dernière chance à Nelson !

Mon « rival » doit absolument briller à Budapest et moi, je marche sur un fil. Je sais que mon destin ne dépend pas de moi, mais je sais aussi combien la monoplace est mauvaise. Ce n'est donc plus qu'une question de temps, même si la patience n'a jamais été ma qualité première ! Je suis jeune, ambitieux, je peux presque toucher du doigt mon rêve. Que ces moments d'incertitude m'ont paru longs !

Enfin. Quelques jours après le Grand Prix de Hongrie, comme prévu, c'est Mathieu, le frère de Bruno Michel, qui reprend contact avec moi. Nelsinho s'est péniblement classé douzième, et la traditionnelle trêve estivale a commencé. Tout le monde part en vacances, alors que je dois me rendre à Enstone, en Angleterre, auprès de l'équipe. Je suis dans l'avion British Airways qui décolle de Genève pour Londres, et cette fois, c'est la bonne.

Ça y est, je suis en F1.

C'est d'ailleurs le texto que j'envoie à Marion aussitôt, avant de m'envoler ! Piquet Jr. est congédié avec effet immédiat ; à tort ou à raison, malheureusement pour lui, ce n'est pas mon problème. Les règles du jeu sont impitoyables. Il y a vingt places dans la discipline reine. Vingt places pour des centaines, des milliers de postulants. Je m'interroge : combien y a-t-il de métiers dans le monde qui n'offrent qu'aussi peu de sièges ? Pour moi, tout ne fait que commencer. Les conditions d'accès et les circonstances ne m'importent pas. Et pourtant... Elles joueront un rôle primordial dans la suite de ma carrière.

Marion

Ah ! Cette rencontre avec Romain, en 2008 !

À TF1, Didier Lahaye me demande de couvrir le partenariat du pilote franco-suisse avec Renault, dans le cadre d'une opération promotionnelle sur la Twingo

RS. Je me souviens d'avoir tellement pesté contre mon producteur de l'époque ! Typiquement le genre de reportages que je n'aimais pas réaliser. J'avais embrassé le journalisme pour le sport, pur et dur. Plus jeune, je ne manquais pas une émission d'*Automoto*. C'était ça, mon rêve à moi. Être le témoin de toutes les émotions fabuleuses suscitées par l'événement brut. J'en prends conscience en 1998, pendant la coupe du monde de football. Je veux être celle qui raconte l'histoire, celle qui transmet. Alors... me rendre au Castellet pour assister aux tours de circuit des nouveaux lauréats du permis de conduire, ça ne me passionne pas !

Je partage mon sentiment avec mon collègue de bureau, Laurent Dupin, aujourd'hui formidable journaliste de F1 sur Canal +, et vraisemblablement devin à ses heures perdues. Il me prédit, nonchalamment :

— De quoi te plains-tu ? Tu pars au soleil dans le Sud... Tu vas y rencontrer Romain Grosjean, qui est sans doute une future star de la F1, et tu finiras mariée avec lui, avec des gosses !

Je m'en souviens tellement bien, et le sourire me monte jusqu'aux oreilles.

Laurent, quand tu liras ces lignes... J'espère que tu ne m'en voudras pas de dévoiler tes propos ! Ils m'émeuvent encore, quand j'y repense.

De longs mois ont passé, Romain a raison de l'avouer, avant que mon cœur ne flanche. Il vit en

Suisse, est plus jeune de quatre ans, pilote alors que je suis journaliste... Il n'a aucun atout pour me séduire, autre que sa gouaille et ses grands yeux bleus ! Pourtant, il me fascine. Il y a quelque chose en lui qui me touche et me renverse. Je ne sais pas encore quoi. Il a à peine vingt-deux ans et se comporte déjà comme s'il en avait vingt ou trente de plus, se couchant à 21 heures, pour être sûr d'être en forme au petit matin ! Alors que moi... Je suis un oiseau de nuit qui passe des heures en salle de montage, parfois jusqu'à l'aube. Au cours de notre premier dîner en tête à tête, il me confie son amertume quant au divorce de ses parents. Je pense cyniquement :

C'est ça, son plan drague ? Me parler de ses parents ?

Il me fait rire, me fait pleurer. Il m'enchante avec ses expressions insensées. Il m'intrigue avec son caractère impulsif et sa franchise décomplexée. Il n'y a pas de filtre entre nous ; pas de non-dit ; pas de secret. Ça a toujours marché comme ça, dès nos premiers émois, et ça continue aujourd'hui. Nous n'avons pas forcément les mêmes centres d'intérêt, les mêmes envies, les mêmes projets. Mais nos cœurs battent à l'unisson. Il est mon confident, mon allié, ma force et mon souffle.

Quand et comment ai-je succombé au charme de Romain Grosjean ? Je ne saurais vous le dire. *A posteriori*, chaque détail, chaque geste a compté dans notre histoire. Le premier cocktail auquel il me convie, sur les Champs-Élysées, à l'Atelier Renault par exemple. Je m'en souviens comme si c'était hier.

Nous sommes à l'hiver 2008, il fait nuit noire, très froid, et il pleut des cordes. Nous sommes aussi et surtout très en retard ! Devant l'entrée, un tapis rouge s'étend et une foule se tient de part et d'autre, espérant entrevoir les célèbres pilotes du Renault F1 Team. Romain ne s'attarde pas, car il est attendu pour prendre la parole devant un parterre d'invités triés sur le volet. L'événement dure une heure, peut-être deux. Lorsque l'on en ressort, subsistent encore quelques dizaines de fans, qui guettent un signe de main, une photo, une dédicace peut-être, de l'une de leurs idoles. Ils sont trempés et frigorifiés d'être restés immobiles aussi longtemps. Spontanément, Romain quitte alors le tapis rouge pour se diriger vers un homme qui grelotte. Il est handicapé et a du mal à attirer l'attention, en raison de sa petite stature.

— Mais monsieur, lui dit Romain, vous n'avez pas bougé ? De toute la soirée ? Sous la pluie ?

L'homme acquiesce timidement, surpris d'être brusquement le centre d'attention. Mon cavalier de vingt-deux ans retire aussitôt sa veste polaire pour la lui donner, et la dépose sur ses épaules.

— Gardez-la, et rentrez vous mettre au chaud surtout !

Voilà Romain Grosjean.

Ne vous méprenez pas. Ce livre n'est pas une tribune à son élégance ! Il n'en a pas besoin ; son accident à Bahreïn a, cyniquement, fait taire toutes les mauvaises langues. Simplement, je voudrais vous expliquer qui est cet homme que j'ai choisi d'épouser, entre les lignes que vous propose le pilote reconnu à l'international.

2008. Mon Franco-Suisse se bat pour le titre en GP2, et moi, je viens un peu chambouler ses projets. Je le sais, parce qu'il nous est impossible de définir notre relation ; de mettre des mots sur une histoire qui tâtonne entre deux avions.

« On va dans le mur, toi et moi » ; je crois bien lui avoir envoyé ce message, depuis une salle de montage de TF1. Lui, il s'adonne à son entraînement physique, dans un club de sport genevois.

« Les murs, je m'occupe de les éviter », me répond-il dans la seconde.

Je me fais l'effet d'une adolescente, à attendre à côté de mon téléphone. Mais je me dois d'être raisonnable. Qui aurait vraiment parié sur notre histoire d'amour ? Il faut arrêter d'échanger. Lui en Suisse et moi en France, cela ne peut mener nulle part.

C'est après le lui avoir signifié, pourtant, que je reçois un appel direct de Romain.

— Je serai à Paris demain soir, se contente-t-il de m'annoncer, d'un ton qui n'admet pas la moindre contestation.

Souvenir croustillant. En partance pour son week-end de course en Belgique, il me prévient alors, en fanfaronnant :

— Je vais gagner là-bas, tu vas voir ! J'en suis sûr...

— Chiche !

J'ajouterai, en guise de défi :

— Et si tu y arrives, t'as intérêt à faire un signe pour me prouver que tu penses à moi, même à des centaines de kilomètres !

— Aucun problème...

Le samedi après-midi, je regarde la retransmission de l'événement avec d'autres journalistes des rédactions d'*Automoto* et *Téléfoot*. Nous partageons un poste de télévision dans le salon d'une boîte de production, à deux rues de TF1, et sommes une poignée à bavarder ; à échanger nos commentaires autant sur le direct que sur les angles des sujets sur lesquels nous travaillons. Il y a là notamment Sylvain Millanvoye, un grand reporter qui adore autant que moi le sport automobile. Romain, sorti du peloton sur une piste séchante, est étincelant. Il double un à un ses adversaires pour s'imposer au terme d'une course exaltante. Nous assistons à l'exploit, et je jubile intérieurement. Il faut être fine mouche pour s'en apercevoir, mais... Ai-je évoqué les qualités d'observateur de Sylvain ?

Le cadreur filme le vainqueur du jour. Le pilote ART s'extrait de sa monoplace dans le parc fermé pour brandir un poing rageur. Il s'approche de la caméra, fait mine de dessiner un gigantesque « M » sur son objectif, avant de s'en saisir de ses deux mains gantées pour l'enlacer et l'embrasser. Il est encore casqué, on ne voit pas son sourire, mais on le devine aisément ; moi peut-être mieux que quiconque. Je rougis.

— Tiens, remarque de manière anodine Sylvain, en se tournant vers moi. On croirait qu'il a esquissé un « M » sur la caméra.

Mon silence en dit plus long que je ne le souhaite, je crois, car mon confrère, brusquement frappé par la corrélation, répète cette fois d'un ton circonspect :

— Eh… Il a esquissé un « M » sur la caméra !

Je lui lance aussitôt un regard noir pour qu'il ne fasse pas part aux autres du cheminement de sa pensée, et Sylvain aura la délicatesse de ne pas insister. À ce moment de notre existence, Romain et moi n'avons encore rien échangé d'autre que des mots, mais j'embarque dans le secret un ami qui sera témoin des promesses de notre relation amoureuse !

— J'ai bien vu ton signe, dis-je à Romain, le sourire aux lèvres, lorsqu'il m'appelle le soir même.

— Ah ah ! Pourtant, ce « M » pouvait aussi évoquer Milou, mon chien !

À l'autre bout du fil, j'imagine son clin d'œil complice. Je l'ai déjà repéré à plusieurs reprises. Ce mouvement de paupière subtil, plus léger qu'un battement d'ailes de papillon. Il m'a déjà fait craquer. Tous ceux qui connaissent Romain Grosjean savent qu'il est irrésistible.

Un an plus tard, presque à la même période, nous sommes allongés sur la plage de Sainte-Maxime. Désormais officiellement en couple, nous savourons le mois d'août avant la seconde moitié du championnat, qui devrait voir les premiers Grands Prix de Romain en F1. Mathieu Michel l'a appelé, et très peu de personnes sont dans la confidence de l'éviction de Nelson Piquet Jr. Nous nous sommes aussitôt coupés de toutes les informations sportives pour mieux nous protéger. C'est le calme avant la tempête. L'équipe Renault a prévu d'annoncer la titularisation de Romain juste avant le Grand Prix d'Europe, à Valence, en Espagne, quelques semaines plus tard.

Mais sur cette plage de Sainte-Maxime, mon téléphone se met à sonner. Celui de Romain aussi. C'est brusquement l'effervescence. Le journal *L'Équipe* accorde sa une à Piquet Jr. qui vient de lâcher la bombe. Il est limogé, avec effet immédiat ! Bien sûr, la question émeut toute la planète F1. Qui le remplacera ? Le nom de Romain Grosjean est logiquement sur toutes les lèvres. C'est lui, le jeune prodige du RDD. Lui, le troisième pilote de l'équipe. Les journalistes n'attendent plus que la confirmation officielle de ce qui paraît évident. Je regarde le numéro qui s'affiche sur mon portable : c'est celui de mon producteur à TF1. Allongée sur mon transat, j'interroge du regard Romain, à mes côtés.

— Ben décroche, dit-il.

J'obtempère.

— Allô ?

— Marion ! C'est quoi cette histoire ? Romain va remplacer Piquet ?

— Euh… Je ne sais pas trop… Je ne t'entends pas très bien… Romain n'est pas là, mais je me renseigne et te tiens au courant !

Toute l'histoire de ma carrière en F1 résumée dans cet échange ! Tiraillée entre mon amour pour mon compagnon et ma loyauté envers ma chaîne ! Ce n'est que du sport, c'est ce que j'ai toujours clamé. Ce n'est pas de la politique, on ne change pas le monde. Il n'y a rien de grave. Je ne serai plus, désormais, à la recherche du scoop. Je protégerai toujours notre vie privée, et redoublerai de discrétion, des années plus tard, avec nos enfants.

3

Un cadeau empoissonné

Romain

Valence, en Espagne, fin août 2009. Mon premier Grand Prix, comme un rêve éveillé. Avec le recul, quel cadeau empoisonné, surtout ! Un cadeau, forcément, pour le jeune pilote qui tient entre ses mains ce qui se fait de mieux en sport automobile... Mais hélas, la monoplace est mal née, et moi, je ne suis pas prêt pour la F1. Je n'ai, à mon actif, aucun tour de simulateur. Je ne connais pas les ingénieurs et j'ignore tout des circuits. À l'époque, les formules de promotion n'étaient pas aussi professionnelles qu'aujourd'hui, et j'ai tant à découvrir... J'essaie de prendre exemple sur mon illustre équipier, Fernando Alonso, mais les règles ne sont pas les mêmes pour les deux voitures. D'ailleurs, y a-t-il vraiment une seconde voiture ? Au sein de l'équipe, depuis le début de saison avec Piquet Jr., le personnel surnomme ironiquement la numéro 8 *The dead car*. Traduisez : « la voiture morte ». Ça veut tout dire, non ? Je refuse d'y prêter attention, pas plus que je ne prête attention aux étranges circonstances qui entourent ma titularisation. Mon prédécesseur ne s'est pas laissé virer sans esclandre. Il tombe, certes, mais ne tombe pas seul, en lâchant une bombe qui va mettre à mal tout un système de fraude. Le fils du triple champion du monde de F1 reconnaît avoir accepté de provoquer volontairement un accident à Singapour en 2008, afin de favoriser la stratégie d'Alonso et le mener à la victoire. Sur ordre de Flavio Briatore et de ses partenaires ! Dans l'équipe, tout le monde jure n'avoir jamais eu vent de la supercherie, mais personne n'est dupe. Le scandale éclate et secoue un paddock qui joue la consternation, pour préserver l'innocence du grand public, la seule vraie victime. L'envers du décor n'est pas très reluisant.

Si la réputation de Fernando Alonso reste étonnamment intacte, il n'en va pas de même avec celle du système Briatore. Le célèbre Italien sera banni, et quiconque le soutiendra connaîtra le même sort. Quelle ironie… Les pilotes doivent se soumettre à des contrôles antidopage et accepter de fournir très précisément un planning journalier (même pendant la pause hivernale) pour montrer patte blanche. Moi-même, je serai contrôlé à mon domicile à plusieurs reprises au cours de ces années-là, au petit matin, en France, en Suisse puis en Angleterre. Pourtant, personne n'avait osé jusque-là aborder la vraie triche, qui sévit bien plus haut, sur les murets des stands, parmi ceux qui sont assis confortablement, et qui nous regardent risquer nos vies.

Fort heureusement, la médiocrité des performances de la Renault joue en ma faveur lorsque je débarque en tant que pilote titulaire au Grand Prix d'Europe, en Espagne. Je n'ai aucune pression autre que celle que je m'inflige, seul. Que Nelson se dépêtre de ses problèmes avec Briatore et consorts, ce ne sont pas les miens. Moi, je dois juste rallier la ligne d'arrivée, et ce sera déjà bien pour le *rookie* que je suis.

Ce contrat, je réussis à le remplir, tant bien que mal. Quatorzième sur la grille, quinzième en course. S'ensuivront, en guise de formation accélérée, six autres épreuves, avec un succès mitigé, ponctué par quelques erreurs de débutant et une monoplace franchement agonisante, qui me handicapera souvent (problème du système de récupération de l'énergie cinétique à Monza, perte des freins à Singapour, entre autres).

Mi-octobre, Marion m'accompagne au Grand Prix du Brésil. Le Brésil, pour tout amateur de sport auto, est un pays chargé d'histoire. En vraie passionnée qui s'y rend pour la première fois, elle veut en faire un pèlerinage et voir la tombe d'Ayrton Senna, à

Sao Paolo. Je n'en ai pas très envie, mais elle parviendra tout de même à me forcer la main, une fois n'est pas coutume !

Je déteste les cimetières.

Marion a tenté maintes fois de m'emmener dans celui du Père-Lachaise, à Paris, en m'expliquant que certaines tombes sont des lieux de culte mythiques, à l'instar de celles d'Oscar Wilde ou de Jim Morrison. Je ne suis pas superstitieux, contrairement à certains de mes collègues, mais... à défier la mort sur les circuits trop souvent, je n'ai pas vraiment envie de m'en approcher outre mesure ! D'ailleurs, je ne mets pas plus les pieds dans les églises ou les synagogues.

Enfin... Je peux l'accorder à ma future femme, je ne regretterai pas notre escapade, là où gît le triple champion du monde brésilien. La végétation est verdoyante, le cadre paisible. Ça me réconciliera presque avec ces lieux de chagrin, et j'éprouverai, bien plus tard, à la surprise de Marion, le désir d'aller voir où repose Jules, à Monaco.

L'anecdote est tendre, mais le résultat en piste, beaucoup moins. Je me classerai treizième du Grand Prix du Brésil cette année-là, au terme d'une course anonyme. C'est l'avant-dernière de la saison, et j'ai le sentiment de « bricoler » comme je peux, autant avec mon matériel que mon manque de connaissance.

La presse ne m'épargne pas. Je suis jeune, et une cible facile. Le public ignore malheureusement ce que le plus haut niveau exige. A-t-on le droit de se plaindre, alors que des milliers de personnes rêvent d'être à notre place ? On élude les questions sur la douleur physique et mentale ; les séances d'entraînement ; ou encore les régimes ! Pour un pilote, j'ai le handicap d'être relativement grand (1,80 mètre). Il faut sans cesse que je surveille mon poids, mais je ne suis pas un cas isolé. Une fois retraité, David Coulthard mentionnera sa boulimie, ce n'est plus un sujet tabou. Bien plus tard encore, Jean-Éric Vergne s'effondrera à l'hôpital, de déshydratation, entre deux Grands Prix. Les organismes morflent, et ce n'est que la face visible de l'iceberg. J'évoquerai plus tard mes douloureux problèmes dorsaux !

Un regret, avec le recul, sur mon arrivée dans le paddock de la F1 ? Ma timidité. Elle me dévore tellement que certains journalistes me prennent en grippe. Je passe pour quelqu'un d'arrogant, apparais pataud dans mes remarques, hésitant, peu affable. J'ai tellement peur de mal faire que je préfère ne pas faire du tout ! Hélas, cette image va me coller à la peau pendant toute ma carrière. Avec les années, je me suis endurci, bien sûr, mais la violence de la notoriété, alliée à celle des réseaux sociaux, est assommante ; je l'apprends à mes dépens.

Arrogant… Je n'ai pas l'impression de l'être, pourtant, lorsque je retourne travailler à la banque, comme n'importe quel employé, au lendemain de mon premier

Grand Prix en Formule 1, à la fin du mois d'août 2009. J'y apprends un métier depuis trois ans, au cas où ma carrière tournerait mal. Mais je sais que je ne pourrai pas continuer davantage. Je sais aussi que ce ne sera pas mon destin. Je tiens donc à clore ce chapitre dignement, et à honorer mon contrat professionnel.

Je suis un perfectionniste. Il faut que je fasse en sorte de n'avoir rien à regretter. Je m'affûte comme jamais, et j'ai besoin d'être en confiance, de m'entourer de personnes bienveillantes susceptibles de m'aider à devenir le pilote que je rêve d'être. Ainsi, cette demi-saison est riche en enseignements, en émotions, et en rencontres. M'accompagne désormais Jean-Pierre Frizon, un kiné chamoniard, préparateur physique des jeunes pilotes de la Fédération Française du Sport Automobile (la FFSA) ; il a déjà longuement arpenté les paddocks aux côtés de Jean Alesi. Jean-Pierre, c'est un physio, une nounou, une figure paternelle. C'est un ami également, et mon futur témoin de mariage. C'est chez lui, à Chamonix, que Marion et moi passerons nos premiers moments ensemble. Elle et moi ne nous connaissons pas encore très bien, mais elle reconnaîtra plus tard être tombée amoureuse de ma famille de cœur avant de tomber véritablement amoureuse de moi.

Jean-Pierre mourra brusquement au lendemain du premier anniversaire de Sacha, en plein été 2014, d'une crise cardiaque. Ce sera la première tragédie que ma femme et moi traverserons ensemble. Il nous arrive encore d'entendre sa voix parfois ; ses expressions, ou d'imaginer ce qu'il aurait dit dans certaines situations, sans même que nous ayons besoin d'en parler.

Si je mentionne dans ce chapitre l'importance des rencontres qui ont jalonné ma carrière de pilote, c'est bien sûr parce qu'en 2009, il y a aussi celle avec Christophe De Margerie, le patron de Total, et elle comptera plus que les autres. À son tour, hélas, il décédera dans des circonstances effroyables, la même année que Jean-Pierre, m'infligeant une peine immense. Christophe a cru en moi, et m'a épaulé, très vite. Il a su déceler ce qui se cachait derrière la carapace que je m'étais forgée pour me protéger de ce monde de fous, dans lequel il faut savoir compter en millions de dollars, jouer des coudes pour intimider les adversaires, ou parler politique et stratégie.

Lors du dernier Grand Prix 2009, à Abu Dhabi, Jean-François Caubet, l'un des responsables de Renault, vient me voir dans la chambre qui m'est attribuée à l'intérieur du motorhome français. Il se veut particulièrement rassurant, malgré le fiasco retentissant de l'équipe.

— Cette moitié de saison en F1 n'est qu'une séance d'essais grandeur nature pour toi, ne t'en fais pas, m'affirme-t-il avec le sourire. Tu as tout notre soutien, et toute notre confiance pour 2010.

Y croyait-il ?

Me voilà en fin de contrat, en fin d'année, peu à l'aise dans mes baskets, mais pas vraiment inquiet non plus. Je profite d'ailleurs de la trêve hivernale pour jauger ma notoriété naissante au Trophée Andros, dans l'équipe de la famille Dubourg.

L'histoire est belle, entre les Dubourg et moi ! J'ai rencontré Dominique dans le cadre de la remise des prix de la FFSA, et nous avons immédiatement sympathisé. Nous partageons un même goût pour le pilotage sur glace, et pour les plaisirs de la table ! Il vit à Saint-Émilion et nous entraînera, plus tard avec Marion, dans une dégustation vigneronne exceptionnelle à travers sa belle région. Son fils aîné, Jean-Baptiste, a un an de moins que moi. Il devient vite un ami proche. Je rejoins donc les yeux fermés leur florissante entreprise familiale pour participer à quelques manches du Trophée, et retrouve enfin un sport automobile tel que je l'aime : accessible, sans prétention. Dans les hospitalités, concurrents et supporters se côtoient pour partager leur passion. Ainsi, je me retrouve un soir à préparer une omelette géante avec une quarantaine d'œufs pour l'ensemble des équipes ! Jean-Pierre Pernaut, qui a beaucoup roulé au Trophée Andros, m'en parle encore aujourd'hui en riant.

Bien sûr, je m'y rends sans pression, juste pour le plaisir et les sensations, mais je vous mentirais si je ne vous avouais pas combien ma victoire surprise, cette année-là, m'avait rendu fou de joie ! Dès mon deuxième engagement avec les Dubourg, je m'impose à Lans-en-Vercors. J'y reviendrai régulièrement l'hiver, et gagnerai de nouveau à Isola 2000, ou, encore plus tard, à l'Alpe d'Huez, dans une combinaison Haas cette fois.

En attendant, au retour de Lans, la célébration à Paris est sûrement mon dernier beau souvenir de l'intersaison 2009-2010. Je rejoins Marion et Julien Fébreau au restaurant Le Père Claude, qui deviendra notre quartier général pour tous les événements marquants de ma carrière. Nous finirons au petit matin, ivres d'épuisement, ivres tout simplement, mais heureux.

Le succès d'estime du Trophée Andros date du 17 janvier 2010. Je suis encore un pilote Renault jusqu'à preuve du contraire... même si les rumeurs vont bon train. Pourquoi n'ai-je pas été renouvelé ? L'ombre de Flavio Briatore pèse lourdement sur mes épaules. En virant Piquet Jr., le système de management dans lequel j'évoluais a signé son arrêt de mort. Le « crashgate »[1] de Singapour m'est étranger puisqu'il date de 2008, lorsque j'évoluais encore en GP2, mais j'ai le défaut d'appartenir à cette filière désormais vilipendée sur la place publique. Pour survivre, Renault doit faire table rase du passé et éliminer tous les liens qui touchent de près ou de loin à l'affaire. Alonso, en parfaite oie blanche, a déjà quitté le navire pour rejoindre Ferrari ; son palmarès

1. En 2008, Nelson Piquet Jr. détruit sa monoplace lors du GP de Singapour, entraînant une intervention de la voiture de sécurité qui favorisera la stratégie de son équipier Fernando Alonso, et contribuera à sa victoire. Piquet Jr. reconnaîtra l'année suivante avoir volontairement provoqué son accident sur ordre des dirigeants de l'équipe.

et son charisme le protègent de toute éclaboussure. Ne reste que moi, et mon contrat avec le RDD.

C'est dans ce contexte délétère que débarque Gérard Lopez. Briatore exilé, il faut bien un nouveau leader dans cette équipe en perdition. Habillé simplement, en jean et baskets, l'homme d'affaires hispano-luxembourgeois souhaite insuffler un air nouveau, un air plus « sain », et place en première ligne le Français Éric Boullier pour mener à bien ses projets. Rapidement, je suis mis en contact avec lui. Nous parlons la même langue ; c'est un ingénieur brillant, plein de projets pour redresser la barre. Le courant passe.

Pourtant, début janvier, les pilotes ne sont toujours pas annoncés. Éric n'est pas seul décisionnaire, bien sûr.

— Le temps joue pour toi, me confie-t-il alors. Si, à la fin du mois, pour les premiers essais, je n'ai toujours personne, c'est toi qui monteras dans la voiture.

Je sais qu'il est de bonne foi, mais commence tout de même à me méfier. Si Éric n'est pas responsable des promesses qui m'ont été faites à Abu Dhabi par les anciens dirigeants, le constat n'en est pas moins inquiétant. En quelques semaines, le discours a changé ; mon avenir qui se conjuguait au futur s'est délité pour s'envisager finalement au conditionnel.

Le couperet tombe peu avant les essais hivernaux.

Le 31 janvier, un communiqué officiel annonce que le Russe Vitaly Petrov s'alignera aux côtés de Robert

Kubica pour piloter la Renault F1 en 2010. Moi, j'en suis poliment informé à peine quelques heures plus tôt. Je suis dévasté.

Mon monde s'écroule. Je n'ai plus de travail. Plus d'équipe. Plus d'avenir. J'ai vingt-trois ans, et je ne sais pas ce que je vais faire de ma vie. Tous les baquets sont pris, dans toutes les disciplines. Je n'ai pas de formation, pas de diplôme, pas d'idée. J'envisage de quitter mon appartement, en banlieue de Genève, pour m'installer chez Marion, à Paris. Elle travaille tous les jours à TF1, et j'ignore comment occuper mon temps libre pendant ses absences. Je ne suis pas fait pour rester à la maison, à l'attendre, en homme d'intérieur sage et organisé.

— Qu'est-ce que tu aimes dans la vie ? me demande-t-elle.

Ensemble, on fait le tour de la question.

— Cuisiner, réponds-je finalement.

Depuis que je me suis professionnalisé dans le sport de haut niveau, j'ai appris à savourer différemment les repas, car je suis assidûment les conseils d'une nutritionniste. Il faut contrebalancer ma taille en étant le plus léger possible. À force de toucher à tout, j'ai appris à concocter des repas qui changent des traditionnels menus de régime « blanc de poulet et haricots verts vapeur ». Je me suis rapproché de restaurateurs que j'adore, à commencer par la famille du Père Claude, dont la table éponyme est connue du Tout-Paris. Ainsi, j'envisage une reconversion, et Marion et moi nous rendons même, main dans la main, aux journées portes ouvertes de l'école Ferrendi, une institution pour apprendre le métier de chef. À demimot, on m'en rejettera car je suis jugé « trop vieux » pour être formé !

Trop vieux pour la cuisine, trop ignorant pour un autre métier, trop chat noir en F1. Les semaines sont dures. Le téléphone ne sonne plus. En quelques jours à peine, je suis passé de héros à zéro. Je gagne alors un peu d'argent en devenant consultant pour des chaînes TV qui diffusent des sports mécaniques ; je commenterai notamment les courses de DTM de mon copain, Alex Prémat, mais le cœur n'y est pas.

Le calendrier est prêt, les saisons des différentes disciplines commencent, les unes à la suite des autres. Fin mars, la FIA, Fédération Internationale de l'Automobile, lance un nouveau championnat du monde, en GT. Je sais, par un journaliste, qu'une équipe suisse cherche encore un pilote et le contact est pris avec Martin Bartek, son patron. Les essais hivernaux ont déjà eu lieu, mais tant pis : je ne peux pas me permettre de faire la fine bouche. J'ai enfin un volant, et monterai, sans expérience, dans une Ford, pour la première course du team Matech Compétition, à Abu Dhabi.

Je ne connais rien au GT, rien à ce bolide. Je signe pourtant la pole position et la victoire, sans la moindre préparation. Vous ne pouvez pas imaginer à quel point cela me galvanise ! Enfin, je renoue avec ce sentiment d'être à ma place ; de pouvoir m'éclater et d'apporter mon savoir-faire à des ingénieurs. Je ne suis plus tout à fait inutile. Et puis... Avec Matech, je participerai à mes premières 24 Heures du Mans cette année-là. Une expérience exceptionnelle, unique à ce jour, mais que j'espère réitérer prochainement... Qui sait ? L'esprit d'équipe, l'odeur des barbecues, la rencontre avec les supporters qui scandent leur ferveur, la promiscuité que seule la nuit noire peut révéler, et l'aube qui pointe dans la ligne droite des Hunaudières... Oui, j'y reviendrai, il ne peut en être autrement.

Mon programme, tardif, se met en place. J'emménage en région parisienne avec Marion, et abandonne définitivement tout projet de cuisine.

S'il y a bien une leçon à tirer de cette période, c'est celle-ci : à l'image de n'importe quelle course automobile, la vie est pleine de surprises. Ça peut paraître facile, comme une porte ouverte enfoncée, mais c'est pourtant vrai. Ainsi, mon année 2010 commence par mon engagement dans un championnat, et s'achève par un autre, dans une autre discipline. En avril, à l'issue de la première épreuve, je prends la tête du classement mondial du FIA GT. Quelques mois plus tard, je décrocherai le titre... en Auto GP. Une tout autre catégorie, et une tout autre histoire !

Marion

Retour en arrière.

En début d'année 2009, je suis appelée par le producteur de la F1 sur TF1. Au sein de la chaîne, c'est un département distinct d'*Automoto*, l'émission pour laquelle je travaille depuis quatre ans. Il a besoin d'une journaliste suffisamment à l'aise en anglais pour réaliser les interviews en direct sur la grille de départ. Je précise « une » journaliste, car une présence féminine serait bénéfique à l'antenne, bien sûr, aux côtés de l'animateur vedette de *F1 à la Une*, Denis Brogniart. Dans les autres pays européens détenteurs des droits, quelques femmes sont déjà en place ; en Italie, en Espagne ou encore en Angleterre. Exiger que les interviewers soient des intervieweuses serait-il le comble du sexisme ? Les dirigeants des télévisions pensent-ils obtenir plus facilement les faveurs des pilotes si la main qui leur tend le micro arbore du vernis à ongles ? À moins que nos compétences professionnelles ne prévalent enfin véritablement ?

Pour être honnête, je ne crois pas que nos questions diffèrent de celles de nos homologues masculins dans le paddock ; tout est trop surveillé par les attachés de presse pour que l'on use davantage d'impertinence. Au contraire, le ton est peut-être plus empathique. Cela étant, je ne serai pas hypocrite, et reconnais volontiers qu'il m'est vite facile de me démarquer dans la horde des centaines de médias, car les femmes, hélas, ne sont encore qu'une poignée à couvrir le direct sur la grille.

J'ai d'ailleurs en mémoire les propos du si regretté Thierry Gilardi, qui m'avait soutenue, les années précédentes. « Sois exigeante avec toi-même, car le métier est misogyne », disait-il. Selon la pensée populaire, une ineptie sortie de la bouche d'un journaliste homme n'est jamais intentionnelle. C'est un lapsus, tout au plus. Une journaliste femme qui commet la même erreur, en revanche, elle, est forcément une idiote qui n'y connaît rien !

Enfin… Folle de joie de réaliser mes rêves professionnels les plus fous, je débarque sur les Grands Prix alors que Romain évolue en GP2, dans le paddock qui jouxte celui de la F1. Personne ne sait encore que nous sommes ensemble, et j'hésite à l'annoncer à mes collègues ; nous n'en sommes qu'aux balbutiements, je crains de tout gâcher.

Début mai, lors de la cérémonie d'ouverture de la saison européenne des GP2 Series, en Espagne, le grand reporter Jean-Louis Moncet m'attrape par l'épaule et m'entraîne vers Romain.

— Marion… Je veux te présenter celui qui sera probablement le prochain pilote français en F1. Tu seras amenée à l'interviewer, alors c'est bien que vous puissiez faire connaissance.

Romain et moi nous regardons, gênés. Jean-Louis est bienveillant, et moi, je suis mortifiée à l'idée de ne pas être prise au sérieux ! D'être considérée non pas comme une journaliste, mais comme une jeune femme en quête d'un bon parti dans le paddock. Par ailleurs, nous ne savons pas où notre relation nous mènera, ni même si elle résistera aux sirènes de la médiatisation. J'ai une telle soif de reconnaissance de mes compétences… Alors, que répondre à Jean-Louis ? Que nous nous connaissons déjà plus que nécessaire ?

Je ne dirai rien sur l'instant, mais finirai tout de même par exposer la situation à mon équipe dans la foulée de ce premier Grand Prix, le soir, à l'aéroport de Barcelone. Je suis si soulagée que le direct se soit bien déroulé ! Évidemment, ma relation « cachée » me vaudra quelques remontrances, mais je sais me défendre. Aurais-je dû publier un communiqué de presse en amont pour évoquer ma vie privée ? Franchement ?

Un temps, notre couple suscitera quelques inquiétudes et interrogations au sein de ma chaîne. Puis-je être suffisamment objective pour réaliser les interviews de Romain ? Dois-je le tutoyer à l'antenne, ou le vouvoyer ? Pour balayer les doutes, nous nous arrangerons, dans la saison à venir, afin que ce soit Denis qui se charge exclusivement d'évoquer les espoirs français en direct à la télévision.

Ironie du sort, un an plus tard, en 2010, je retournerai sur les Grands Prix sans Romain, puisqu'il n'a plus de volant ; et cette fois, c'est moi, la journaliste, qui serai assaillie de questions !

— Alors ? Tu es toujours avec lui ? Sérieusement ? Tu ne l'as pas quitté après son éviction ?

Un confrère m'avouera que les paris sur la longévité de notre couple furent ouverts une fois Romain limogé. Comment devais-je interpréter l'information ? Mal, évidemment. Paraissais-je être une fille à ce point superficielle ou versatile ? Coûte que coûte, je garderai un sourire de façade et notre mariage fera définitivement taire les rumeurs. Même s'il générera plusieurs railleries de la part des autres pilotes !

En conférence de presse en 2013, notamment, Mark Webber se montrera particulièrement grossier devant un parterre de médias.

— Pensez-vous pouvoir vous battre pour la victoire ? lui demandai-je.

— Eh bien... Déjà, Romain Grosjean s'élance devant moi. Donc... Si tu peux le fatiguer ce soir, ça me donnera peut-être une chance !

Mon caméraman éclatera de rire. Moi, je baisserai mon micro, rouge de honte. Comme je le regrette !

4

Retour en grâce

Romain

Au printemps 2010, alors que je suis engagé avec Matech, je reçois un coup de fil de Claire Magnant, qui travaille pour DAMS. DAMS est depuis longtemps une référence en sport automobile ; c'est une écurie qui évolue dans différents championnats et dont le propriétaire et fondateur n'est autre que Jean-Paul Driot, un homme passionné, intelligent, charismatique et grande gueule ! Dans les paddocks, tout le monde a des anecdotes et souvenirs croustillants à partager sur Jean-Paul. Il ne laissait personne indifférent. Il était connu de tous, et connaissait tout. Je l'ai croisé pour la première fois en 2005, car DAMS était en charge, à l'époque, de la voiture suisse de l'A1 GP, un championnat des nations auquel j'envisageais de participer avant mon enrôlement avec le RDD (et mon choix de rouler en tant que pilote français !). Trois ans plus tard, en 2008, ses monoplaces étaient devenues mes adversaires en GP2. Alors que je me battais en tête du classement, Jean-Paul était convaincu qu'ART et moi trichions. Nous en rirons un peu plus tard ; il m'aura fallu de nombreuses discussions avec lui pour lui faire admettre qu'il n'en était rien, et qu'il avait tort. Quelle tête de mule il était !

Tête de mule… J'ose le dire avec une tendresse infinie. Jean-Paul était obstiné, impulsif et volcanique. Il nous a quittés en 2019 et, aujourd'hui encore, il laisse un vide immense. J'imagine le croiser à chaque fois que j'arpente un paddock ; j'imagine ses yeux vifs, sa voix rauque, ses blagues politiquement incorrectes ! J'ai tellement aimé son franc-parler ; son authenticité… Le sport automobile a besoin de personnages comme lui, attachants et dévoués corps et âme à leur passion. Je n'oublierai jamais qu'il a changé ma vie, et qu'il a fait de moi le pilote que je suis. Je lui dois énormément.

Car c'est bien lui, qui vient me chercher, par la voix de Claire, pour rejoindre DAMS à mi-saison en Auto GP. Sans même participer à l'entièreté du championnat, sans même connaître la formule, je remporte immédiatement ma première course en Belgique. Puis les autres. Puis le titre. À l'instinct. Enfin ! Ma cote de popularité remonte… Je quitte le GT pour revenir à mes premières amours : la monoplace.

Cette année-là, DAMS se noie dans les difficultés de réglages de sa GP2. Jean-Paul investit beaucoup d'argent et de temps ; il veut comprendre ce qui ne fonctionne pas. Notre collaboration cartonnant en Auto GP, il me propose de m'engager le temps d'un week-end en Allemagne, dans l'antichambre de la F1. Ses espoirs au championnat sont loin ; il n'a rien à perdre dans cette proposition, et moi, j'ai tout à gagner. En GT, Martin Bartek me laisse facilement partir, trop heureux de me troquer contre un pilote payant, car il a de très lourds problèmes financiers. Je remplace donc Jérôme D'Ambrosio dans le baquet de la monoplace jaune et noire sans me poser la moindre question, et retrouve un paddock qui me rappelle des jours heureux.

Le week-end est bien mouvementé. Lors de la première course, je suis percuté à l'arrière par Christian Vietoris, et m'aligne à la quatorzième place sur la grille du lendemain pour la seconde manche. Même si je finirai par abandonner, seule l'histoire retiendra ma remontée aux avant-postes, avec des dépassements qui résonneront dans le cœur de l'exalté qu'est Jean-Paul Driot. Lui, comme l'ensemble de la presse, est convaincu par ma prestation ; et dès le dimanche après-midi, il me convoque dans son bureau, au sein du motorhome de DAMS.

— Bon. Si tu n'as pas de volant l'an prochain, tu rouleras pour nous, grommelle-t-il.

— Mais je n'ai aucun budget à apporter, Jean-Paul… Je n'ai pas d'argent…

— C'est moi qui payerai pour toi.

À l'époque, le financement d'un pilote en GP2 avoisinait déjà un million et demi d'euros. Ce n'était pas rien ! Mais l'un des plus grands noms dans le milieu croyait en moi. Je n'avais que mon pilotage à lui offrir, et cela lui suffisait.

À ce moment de ma carrière, tout s'enchaîne enfin beaucoup mieux. En septembre, je rejoins Gravity, la structure de management de jeunes pilotes que dirigeait, en bras armé de Gérard Lopez, Éric Boullier. Éric, qui possède des parts chez DAMS. Tout s'imbrique. Il s'agit là de mon deuxième contrat à long terme relatif à la gestion de ma carrière, et ce type de contrat est essentiel pour évoluer au plus haut niveau, même s'il muselle les athlètes. Dans la foulée, je remplace au pied levé Ho-Pin Tung, l'équipier de Jérôme D'Ambrosio en GP2, blessé en Hongrie. Je hisse la DAMS sur le podium en Belgique. Et, cerise sur le gâteau, je reprends le volant d'une F1, en devenant pilote d'essai pour le manufacturier Pirelli. Voilà un hiver qui s'annonce donc plus serein que le précédent !

Un hiver au cours duquel j'effectue aussi des tests pour le compte d'Audi en DTM, le championnat allemand des voitures de tourisme. Ayant appris de mes erreurs passées, j'ai sauté sur l'opportunité lorsqu'elle s'est présentée ; il me faut anticiper, et me diversifier, car on ne sait jamais ce que l'avenir nous réserve. Avec Marion, d'ailleurs, on s'interroge sur la tournure que prend ma carrière. Finalement, pourquoi ne pas rejoindre le constructeur allemand, et être un pilote reconnu et rémunéré en DTM ? Dois-je refuser la prestigieuse offre et tenter ma chance avec DAMS en GP2, sans salaire, au risque de tout perdre si l'aventure tourne mal ? Au risque, aussi, de me retrouver le bec dans l'eau l'année suivante, si je ne peux pas remonter en F1 ? Laisser filer une telle opportunité dans la catégorie des voitures de tourisme n'est peut-être pas une idée très inspirée…

— Il faudra bien que je gagne ma vie, à un moment, dis-je à ma compagne. Tu te rends compte que si ça se passe bien en GP2 et si je remporte le titre, je ne suis quand même pas assuré d'avoir une place en F1 l'année d'après ? Il faut en avoir conscience. Je ne peux pas faire du bénévolat éternellement, et le talent ne suffit pas toujours. En plus… Il faut encore le gagner, le titre ! Ce n'est pas si simple…

Hésitai-je longtemps ?

Non.

Marion et moi partageons la même philosophie : il ne faut rien regretter. Nous n'avons qu'une vie. Enfin… Normalement !

C'est un coup de poker, mais nous sommes prêts à l'accepter. Dans le giron de Gravity, je deviens donc un pilote DAMS mais aussi un pilote d'essai pour le Renault F1 Team, me débarrassant définitivement de l'encombrante étiquette d'appartenance à Flavio Briatore et au RDD.

Comme un signe du destin, comme s'il fallait me conforter dans l'idée que la décision prise était la bonne, je renoue avec le succès dans la foulée ! Sur la glace du Trophée Andros, cette fois. J'ai toujours aimé la glisse et j'ai souvent roulé à Flaine avec l'un de mes meilleurs amis, Mathias Bèche. Ainsi, lorsque la famille Dubourg me propose de participer de nouveau à quelques manches avec eux, je saute de joie. Je retrouve le plaisir qui m'a poussé à embrasser une carrière de pilote. Sur la plus haute marche du podium, à Isola 2000, tout est là. L'amitié, la camaraderie, les sensations de pilotage, la technique. Je renais enfin.

L'année 2011 débute sur les chapeaux de roues avec le GP2 Asia, que j'avais déjà remporté deux ans plus tôt. Je serai d'ailleurs le seul pilote à remporter deux fois ce championnat ! Mais mon adversaire n'est plus Nico Hulkenberg, qui est désormais connu et reconnu en F1. Je dois battre à présent Jules Bianchi, un autre Français, star montante de la Ferrari Academy et promis à l'un des plus beaux avenirs en rouge.

Jules a trois ans de moins que moi. On se connaît par l'équipe de France de la FFSA, et on s'apprécie. Il est sympa, drôle, honnête. Les médias auraient sans doute aimé tourner notre duel franco-français en pugilat, mais il n'en est rien. Jules et moi faisons tous les deux face à une pression dingue, pour des raisons différentes. Lui, parce qu'il est le protégé de la Scuderia ; le poids de l'attente des Tifosi est forcément lourd à porter. Moi, parce que je reviens du diable Vauvert, et en sport automobile, les secondes chances n'existent pas. La marge d'erreur s'amenuise comme une peau de chagrin, au fur et à mesure des échéances. Et, ainsi, nous nous comprenons l'un l'autre.

Je mène le championnat en Asie, mais le titre se verra attribué en Europe à Imola, en raison de la guerre civile qui fait rage à Bahreïn, le pays qui devait initialement accueillir le dénouement de la saison. Ni Jules ni moi ne connaissons le circuit. Pour avoir un coup d'avance, Ferrari offre à mon adversaire une séance de roulage sur place, quelques jours en amont. Moi, je ne peux prendre mes marques que le vendredi matin, lors des essais libres. Trop présomptueux, trop ambitieux, je pars à la faute dès les premiers tours de piste et détruis ma monoplace. Je n'ose pas l'annoncer officiellement, de peur de me faire interdire de piloter, mais je m'abîme sérieusement la main droite dans l'accident, en prenant un retour de volant très violent. Je saigne abondamment. Lorsque je m'extrais du cockpit, je prends alors garde à dissimuler ma peau meurtrie, et l'enfouis dans mon casque en rentrant à pied au stand, pour que personne ne l'aperçoive. C'est Loïc David, le chef ingénieur de DAMS, qui essayera de me soigner comme il le pourra, le soir même à l'hôtel. Ma main est bleue et a triplé de volume. Peu importe ! Un gant plus large fera l'affaire pour participer à la suite du week-end…

Bien sûr, les mécaniciens se précipitent pour réparer ma voiture, mais ce sera long ; très long ! Trop long pour qu'elle soit prête pour la fin des essais libres. Les circonstances ne jouent pas en ma faveur : je n'ai pas eu le temps de me familiariser avec le tracé, et n'ai aucune donnée pour peaufiner des réglages sur mesure. Il va falloir improviser.

Le contexte ne m'est franchement pas favorable. Et pourtant…

L'état de grâce.

Il arrive lorsqu'un athlète est transcendé par l'événement. Lorsque rien ni personne ne peut faire obstacle entre lui et son destin.

À Imola, je signerai la pole position, la victoire, et le meilleur tour en course, avec une main blessée et sans entraînement. Je suis sacré champion de GP2 Asia pour la seconde fois. Mon année 2011 est lancée et c'est ma dernière chance. Gagner n'est pas gage de remonter en F1, j'en ai bien conscience, mais c'est la condition *sine qua non*. Être le meilleur ne suffit pas dans ce milieu. C'est l'un des aspects que je regrette le plus, et je sais que je ne suis pas le seul. Tout pilote, quel qu'il soit, malgré les sacrifices, malgré le talent et la force mentale, n'est pas maître à cent pour cent de sa carrière. Il faut une part de chance, être au bon endroit au bon moment. Une part de négociation politique aussi. Un apport financier énorme.

Et puis, bien sûr, il faut y croire. Pour que toutes les planètes s'alignent.

Mais pourquoi pas ? Dans ma vie privée, j'ai déjà d'autres raisons de me réjouir : Marion et moi préparons notre mariage. Preuve que tout est possible !

Marion

15 mars 2011.

Je souris en écrivant cette date.

Romain est champion de GP2 Asia, mais la saison européenne n'a pas encore commencé. Je suis venue le chercher, d'ailleurs, à l'aéroport, lorsqu'il est rentré d'Imola... Il avait voyagé, triomphant, dans le jet privé de Jean-Paul Driot. Il fanfaronnait, mais je voyais bien la douleur qui irradiait dans ses yeux à cause de sa main blessée, gonflée, et bleutée !

Enfin... De mon côté, la vie professionnelle est douce à TF1, et je monte une petite société de production en parallèle. Je la baptise « Bliss ». Ce mot, qui signifie la félicité, la béatitude, en anglais, résonne en moi comme une évidence.

Pour fêter l'événement, ce soir-là, le 15 mars 2011, lorsque je rentre du bureau, Romain me dit :

— Allez... Change-toi ! On sort... Je nous ai réservé une petite surprise.

Il m'emmène au restaurant du George V. Une adresse très spéciale pour nous, car nous nous y étions rendus à la fin de l'année 2009, dans le cadre d'un dîner offert par le Renault F1 Team. Tous les deux, nous avions succombé à la haute gastronomie, sans avoir nous-mêmes les moyens financiers de satisfaire nos papilles dans un cadre aussi prestigieux !

Lorsque je réalise que c'est là que Romain me conduit, un an et demi plus tard, je suis folle de joie.

— Mais… C'est en quel honneur, chéri ?

— On a toujours fêté mes succès, me répond-il. Il faut célébrer les tiens aussi ! Bravo pour la création de ta société de production !

Le dîner est magique. « Comme dans les films ! » commenterait mon amoureux. Un photographe immortalise l'instant, et, sans que nous le demandions, nous offre le cliché en souvenir, parce qu'il trouve « mignon » ce jeune couple un peu décalé dans ce majestueux palace.

Plus tard, au sortir du restaurant, Romain conduit dans les rues de Paris pour nous ramener chez nous, et je m'en amuse.

— Ah ! Tu es bien un touriste suisse, tiens ! Tu t'es trompé de direction pour rentrer à l'appartement… Il fallait tourner à gauche.

— Mince, bougonne-t-il, avant d'ajouter : Bah… C'est pas bien grave. Regarde ! On arrive place du Trocadéro… J'ai fait un détour, mais c'est quand même sympa, non ? En plus, il ne fait pas trop froid… Viens, on s'arrête cinq minutes.

Bien sûr, Romain avait tout prémédité. Il ne se trompe *jamais* de route. Il a une mémoire visuelle colossale ; atout indéniable pour son métier d'ailleurs, lorsqu'il apprend un nouveau circuit !

Je me souviens très bien de ce à quoi j'ai pensé, alors, en m'avançant vers la tour Eiffel.

Il est des soirées que l'on voudrait éternelles. Des soirées magiques, qui illuminent une existence. Des soirées qui resteront gravées en nous, même des années plus tard.

L'odeur de ces soirées-là... Je vous souhaite de la connaître et de la reconnaître. Il faut savoir s'en enivrer suffisamment pour pouvoir se dire, un jour : « J'ai été heureux. Vraiment heureux. Ma vie valait la peine d'être vécue. »

Place du Trocadéro, un peu avant 23 heures, ce 15 mars 2011, il y a un guitariste qui fredonne *No Woman no Cry* de Bob Marley. Nous nous en approchons pour apprécier le spectacle qui s'offre à nous. La tour Eiffel devrait s'illuminer dans une poignée de minutes maintenant, à l'heure ronde.

Romain me regarde.

— Tu te souviens de la dernière fois que l'on est venu ici ? Tu te souviens de ce que tu m'avais dit ?

Comment l'oublier ? Je me mets à rire. La dernière fois que nous nous sommes rendus à cet endroit précis, c'était en 2008. Il voulait m'embrasser et... je l'avais rejeté ! Je lui confirme, hilare, et le taquine :

— Bien sûr que je m'en souviens ! C'est un principe, dans ma vie... Je dis toujours « non », place du Trocadéro !

En face de moi, Romain se décompose devant cette mauvaise boutade.

— Ah... murmure-t-il.

Je ne comprends pas l'expression de son visage. Mais… cet instant-là n'existe que pour nous.

C'est là, bague de fiançailles en main, qu'il me demandera de l'épouser. Il n'en avait jamais été question auparavant. Nous n'avions même jamais évoqué le projet.

Je vous laisse deviner ma réponse…

5

Rédemption

Romain

La saison européenne des GP2 Series est l'une des plus belles de ma carrière en sport automobile. J'aime mon équipe, j'aime ma voiture, j'aime l'idée de montrer à tous que je peux prendre une revanche sur la malchance qui a été la mienne jusque-là, puisque bouillait depuis longtemps en moi un sentiment furieux d'injustice. L'injustice d'avoir été sacrifié sur l'autel de la cabale anti-Briatore après le crashgate, sans que j'aie eu le temps de prouver mon talent. Je décroche ainsi cinq victoires, et le titre en Belgique, avant même la fin du championnat.

Au soir de ce week-end à Spa-Francorchamps, nous rentrons en voiture pour célébrer ma nouvelle couronne au restaurant du Père Claude, avec une partie de l'équipe. Je ne crois pas que ce soit moi qui nous ai ramenés à la maison, après la fête ! Il fallait que je savoure cet instant, que je puisse le figer dans ma mémoire, pour qu'il me réchauffe le cœur en cas d'espoir déçu. Je le sais : j'ai rempli ma part du contrat. Je ne pouvais pas faire mieux. Mais la question me taraude déjà : est-ce que cela suffira, pour revenir en F1 ?

Il me semble interminable, cet automne 2011.

La saison de GP2 s'est achevée, et en récompense de ma réussite, Lotus Renault m'offre la possibilité de participer aux essais libres du vendredi matin dans le cadre des deux derniers Grands Prix de la saison. Un avant-goût de ce à quoi je pourrais avoir droit, si tout se passe comme prévu. J'espère surtout que ce ne sera pas une tournée d'adieu !

Quelques jours avant de m'envoler pour Abu Dhabi, l'avant-dernière épreuve du championnat, je pars seul à vélo dans la banlieue parisienne. Le cyclisme fait partie intégrante de mon entraînement. C'est une addiction, un plaisir, et une excellente manière de travailler le cardio. Alors que mon tour est presque fini, un type me frôle en voiture sur les quais de la Seine. Il me déséquilibre presque. Je reviens sur lui au gré des bouchons, et rabats son rétroviseur en lui faisant signe d'être plus attentif aux deux-roues la prochaine fois. Hélas, le type est un fou. Il réaccélère et donne un coup de volant pour faire mine de me percuter et me faire peur, de colère. L'histoire aurait pu s'arrêter là, si ce danger public n'avait pas perdu le contrôle de son véhicule ! Il m'entraîne alors sur le terre-plein central, au milieu d'une deux fois deux voies. Le vélo se plante, et moi, je décolle. J'atterris sur le capot arrière d'une voiture qui déboule en sens inverse, de l'autre côté de la chaussée. Quelques fractions de seconde plus tôt, ou bien si elle avait roulé quelques kilomètres-heure plus vite, elle m'écrasait. Un vrai… « miracle », si je peux déjà utiliser ce mot dans l'histoire de ma vie !

Le choc est violent. Je suis cabossé, mais entier. J'appelle aussitôt Marion pour qu'elle vienne me chercher. Les témoins sont pétrifiés, la police arrive. Je subis tous les examens médicaux nécessaires et hésite à porter plainte. Quand j'affronte le conducteur, celui-ci me lance, d'un ton particulièrement agressif :

— Vous avez rabattu mon rétro ! Il fallait bien que je riposte ! Vous alliez m'échapper…

— À vélo ? J'allais vous échapper ? Vous pensiez peut-être que je pédalais plus vite qu'une voiture ?

J'ai failli perdre la vie pour un rétroviseur même pas endommagé ; juste replié. Moi qui ai grandi entre la montagne et la campagne, j'ai de plus en plus de mal à supporter la violence de la région parisienne. L'incivisme, le manque de respect. J'adore Paris, ne vous méprenez pas. Mes meilleurs amis y vivent, et je sais, pour avoir beaucoup voyagé, que c'est l'une des plus belles villes du monde. Mais… Le quotidien me pèse, et je commence à y réfléchir.

L'incident clos, je ne porterai finalement pas plainte, car j'ai trop peur d'être interdit de rouler à Abu Dhabi par les médecins de la FIA. Je ne veux pas ébruiter l'affaire, et elle restera, heureusement, sans conséquences physiques. Je participe donc comme prévu aux essais libres, et n'attends plus qu'une chose : être fixé sur mes espoirs de retour en F1.

Mais pourquoi la décision prend-elle autant de temps ? Les enjeux sont aussi financiers que sportifs, je n'ai plus la naïveté de croire qu'il puisse en être autrement. Au début du mois de décembre, je prends part, pour la première fois, à la Race of Champions, à Düsseldorf, aux côtés de Sébastien Ogier, qui deviendra un ami. Puis, je m'envole pour Monteblanco, en Espagne, pour effectuer un nouveau test en DTM, cette fois avec BMW. Il me faut un plan B si le siège en F1 me passe sous le nez. Je dors mal, malgré la fatigue accumulée pendant la saison. J'attends, et je déteste ça.

Les tests se passent très bien, et l'équipe allemande souhaite me proposer un contrat pour la saison suivante. De mon côté, bien que le cœur n'y soit pas, je reste sérieux et professionnel. En cours d'année, Éric Boullier m'a déjà reproché d'être un pilote d'essais trop nonchalant pour Lotus Renault GP. De manquer d'enthousiasme à apprendre. Marion en plaisante avec lui :

— Il peut être un piètre troisième pilote, mais un excellent titulaire, me défend-elle.

Aucun des deux n'a tort. Je ne me présente pas sous mon meilleur jour, mais je suis tellement rongé par la frustration ! Je veux rouler ; juste rouler.

La fin de mes tests pour BMW coïncide avec l'anniversaire de Marion, le 8 décembre. Une date importante, car elle fête ses trente ans. Nous avons prévu un dîner d'exception chez Guy Savoy, en amoureux, puis une grande fête chez nous, au cours du week-end. À l'aéroport d'Alicante, alors que je m'apprête à embarquer pour rentrer en France, Éric m'appelle.

— Félicitations. Tu seras notre deuxième titulaire la saison prochaine, aux côtés de Kimi Raïkkönen.

Je n'osais presque plus y croire.

Ce que je ressens, à cet instant précis ? De la fierté, du soulagement, de la joie... Un peu de tout ça, et tellement plus encore. J'avais quitté la F1 par la petite porte, à l'issue d'une saison tronquée. J'avais perdu tout espoir. Je suis allé aux inscriptions des écoles de cuisine pour envisager une reconversion. Et voilà que je serai annoncé en grande pompe lors d'une conférence de presse, dans un somptueux palace parisien, le lendemain. Le 9 décembre 2011.

Marion

Quelle joyeuse trentenaire !

Difficile de faire mieux, vous en conviendrez. Un mariage en prévision, un métier que j'aime toujours autant exercer, une famille en bonne santé, et un futur mari qui réalise enfin son rêve. Ma vie est digne d'un conte de fées, et j'en ai pleine conscience, très tôt.

Vendredi 4 novembre 2011, à une semaine des essais libres d'Abu Dhabi. Je suis à TF1, et discute avec mon collègue Laurent Dupin.

— Ça avance, les préparatifs du mariage ? me demande-t-il.

— Oui… La cérémonie aura lieu à Chamonix, le 27 juin comme convenu. Un mercredi, entre deux Grands Prix, à l'endroit où nous avons passé nos premiers moments ensemble, en couple « légitime ». La fête se tiendra à Megève… C'est facile à organiser : on tient à être en petit comité, et il n'y aura pas d'église, ni quoi que ce soit de religieux.

Enfin… J'ai tout de même choisi une robe sympa avec ma mère !

— Attends… Il faut que je te la montre…

Avec le recul, je ne suis pas certaine que les photos de ma robe aient pu passionner Laurent Dupin, mais poliment, il accepte d'y jeter un coup d'œil ! Le soir même, il est prévu qu'il vienne dîner chez nous, avec son épouse. En bons amis, ils sont naturellement conviés aux noces qui s'annoncent.

Je cherche sur mon téléphone les clichés pris quelques jours plus tôt lors de mes derniers essayages, quand celui-ci sonne entre mes mains.

— Marion… C'est moi. D'abord… Je vais bien, ne t'inquiète pas.

— Quoi ? Romain ? Je ne comprends pas…

Je dois balbutier. Sa voix me semble étrange.

— J'ai été renversé par une voiture sur les quais. Est-ce que tu peux venir me chercher ? Il faut que j'aille à l'hôpital.

Je l'entends bien. Il me l'a assuré en préambule : il est en bonne santé. En tout cas, il est vivant ! Mais son ton ne résonne pas comme d'habitude. Il paraît las, troublé. Je demande, affolée :

— Qu'est-ce que tu racontes ? Comment ça, tu as été renversé ?

— Viens, s'il te plaît. Je suis quai Anna Jacquin, pas loin, à Boulogne. Tu ne peux pas me rater. Il y a la police, et une voiture fracassée contre le terre-plein central.

Cette fois, sa voix tremble un peu. Je l'entends respirer difficilement.

— J'arrive tout de suite.

Rien d'autre n'est échangé. J'attrape mon sac et informe Laurent, qui se tient toujours à mes côtés :

— Romain a eu un accident. Je pars.

Je me souviens l'avoir rejoint très vite ; je me souviens des gyrophares, de la police. De lui, assis par terre, sur le trottoir, sa tenue de cycliste à moitié déchirée, un genou en sang. Il monte aussitôt dans ma voiture, sa déposition déjà enregistrée. Une fois à l'intérieur, il s'effondre. Moi, j'agis comme un pilote automatique. Entre nous, ce sera toujours comme ça. Les vases communicants. Quand l'un flanche, l'autre gère. Ça nous aidera beaucoup, les jours suivant le 29 novembre 2020, d'ailleurs !

Nous rentrons directement à notre appartement de Meudon, pour qu'il puisse se changer avant d'aller passer des radios. Il va déjà mieux et commence à râler. C'est bon signe !

— Ce n'est pas la peine d'y aller… Je vais bien.

— Tu plaisantes ? Tu roules en F1 dans quelques jours. Il est hors de question de ne pas faire de contrôle.

— OK. Mais on y va en scooter, parce que ça va prendre des heures de s'y rendre en voiture ; on va se retrouver dans les bouchons.

— En scooter ? Tu plaisantes ?

— C'est ça, ou je n'y vais pas.

Romain Grosjean. Têtu comme une mule !

Je reçois un texto de Laurent.

J'espère que ça va. Tiens-moi au courant quand tu peux. Je pense à vous.

Je le lis à voix haute à Romain.

— Réponds-lui qu'on va être à la bourre pour préparer le dîner, mais c'est pas bien grave, me dit-il.

Je transmets à l'intéressé. Son retour ne tarde pas :

C'est une blague ? On annule la soirée ! Vous n'allez pas faire la cuisine alors que Romain a failli mourir !

Oh… Bien sûr que si ! C'est mal connaître mon futur époux. Les Dupin viendront, et nous célébrerons cette mésaventure au cours d'un dîner joyeux et amplement mérité.

À notre retour de l'hôpital, nous sommes rassurés. Romain n'a rien.

— Où sont mes chaussons ? me demande-t-il, avant d'ajouter : Ah ! Je sais ! Je les ai laissés dans la cave tout à l'heure, pour enfiler mes chaussures de vélo.

— Je vais les chercher, chéri ; pose-toi tranquillement sur le canapé.

Je descends au sous-sol de l'immeuble, ouvre notre cave, et trouve ses chaussons. En m'en saisissant, je fonds en larmes. Il aurait pu ne jamais les remettre. Il aurait pu être tué, pendant que moi, je fouillais dans mon téléphone à la recherche des photos de la robe de mariée que j'avais choisie pour devenir sa femme.

La vie ne tient à rien.

Nous ignorons encore que Romain sera titularisé prochainement en F1, et nous savourerons la nouvelle autrement ; tout comme mon trentième anniversaire.

6

Émois et moi

Romain

Marion tient à venir avec moi à Melbourne, pour le premier Grand Prix de la saison 2012. Nous décollons le cœur léger mais la tête chargée d'ambitions. J'ai le sentiment que tout ne fait que commencer, et je m'en réjouis. J'adore l'Australie, Melbourne, et le circuit de l'Albert Park. Au mois de mars, c'est la fin de l'été et il y fait encore chaud. Arrivés une semaine en amont pour pouvoir ingérer correctement les dix heures de décalage horaire, nous profitons des premiers jours pour faire quelques sorties et barbecues avec Alexandre Prémat, un pilote français installé là-bas, et sa famille. Chez lui, nous rencontrerons d'ailleurs, un peu plus tard, Camille Lacourt, un autre sportif que j'apprécie ; nous aurons l'occasion de nous revoir.

Mais évidemment, je n'ai pas traversé le monde, vingt-trois heures de voyage plus tard, pour tisser des relations avec d'autres expatriés ! Je n'ai qu'un but ; un seul. Éclater en Formule 1. Le samedi, c'est chose faite : à la surprise générale, je signe le troisième temps des qualifications, et surclasse mon illustre équipier finlandais, Kimi Raïkkönen ! C'est l'euphorie autour de moi, mais ça me paraît presque « normal ». Ne me suis-je pas préparé à ce qui m'arrive depuis longtemps ?

Hélas, cela deviendra presque une vérité tout au long de ma carrière en F1 : mes meilleures qualifs ne font pas mes meilleures courses ! Le lendemain, je revois encore ces drapeaux jaunes, brandis dans le premier tour de course aux virages 11 et 12… Je lâche l'accélérateur, comme le stipule à la lettre le règlement, mais Pastor Maldonado ne fait pas de même derrière moi. C'est mon premier Grand Prix. Je pense naïvement que le Vénézuélien n'a pas le droit de gagner un avantage dans ces circonstances, et pourtant, il m'attaque sans la moindre hésitation. J'essaie de fermer la porte, mais emporté par sa vitesse, il perd son arrière et vient taper ma roue avant droite. Je dois abandonner, direction cassée.

Une semaine plus tard, sous la pluie, en Malaisie, je m'élance sixième, mais cette fois, c'est une collision avec Michael Schumacher qui annihile mes espoirs. Il n'y a aucun grip en piste. Nous glissons tous les deux en tête-à-queue, aussi coupables l'un que l'autre. Je rentre au stand, puis retourne en course bon dernier. Énervé, trop pressé, je pars à la faute et abandonne trois tours plus tard. Faut-il s'attarder sur la frustration que je ressens alors ? Vraiment ? Je me souviens avoir rejeté la responsabilité sur Michael à l'époque, trop fou de rage pour être lucide, et je le regrette. Il ne m'en tiendra pas rigueur.

Me voilà donc à la maison, après les deux premiers Grands Prix, avec un zéro pointé et des espoirs déçus. Je sais que j'ai tant à montrer ! Dans l'équipe, Éric Boullier me sermonne. Il me reproche de ne pas me plier aux exigences anglo-saxonnes du paddock, de ne pas « rentrer dans le moule ». Mon préparateur physique, Jean-Pierre Frizon, est français ; ma femme est française ; mon principal sponsor, Total, l'est tout autant. Je ne suis pas assez formaté. Sans m'en rendre compte, toute la saison, je serai tiraillé entre mes racines et amitiés hexagonales d'un côté, et les tactiques politiques pour redorer mon image de l'autre. Rapidement, je me sens seul, entre deux mondes, et ce sentiment de solitude ne me quittera plus, tout au long de ma carrière en F1. Bien sûr, elle est commune à tous les pilotes, guidés par leur passion plus que par leur raison, je sais que je n'échappe pas à la règle. C'est une compagne que l'on apprend à apprivoiser, malmenée par la conscience de notre responsabilité en piste. Nous savons que la moindre de nos erreurs peut avoir des conséquences dramatiques, pour nous-mêmes autant que pour nos adversaires, pendant que nos dirigeants parlementent tranquillement sur le muret des stands. J'en aurai la preuve, hélas, plus tard dans la saison.

En attendant, je repars en Chine, pour la troisième manche, le couteau entre les dents. Cette fois, le travail paie et j'inscris mes premiers points en Formule 1, grâce à une sixième place. Puis, arrive le Grand Prix de Bahreïn, le dimanche suivant. Je n'ai pas pu rentrer en Europe entre-temps, et fête mes vingt-six ans entre les deux courses. Je m'offre tout seul mon plus beau cadeau d'anniversaire : mon premier podium ! Le premier d'un pilote français depuis Jean Alesi, en Belgique, en 1998. Septième sur la grille, un bon départ me permet de grimper dans le classement. Puis, à la faveur des arrêts aux stands, je prends même la tête de la course, l'espace d'un tour ! Enfin... cette troisième place dès la quatrième épreuve est une délivrance pour mes proches, qui angoissent beaucoup par procuration. C'est aussi une reconnaissance, et une promesse. Pourtant... de mon point de vue, c'est surtout une source de frustration ! J'ai bien conscience d'être passé à côté de la deuxième marche du podium en raison d'un mauvais choix de pneus, et je sais que nous aurions pu faire encore mieux.

En mai commence la saison européenne de Formule 1 en Espagne, à Barcelone. Le circuit que toutes les équipes connaissent le mieux, puisque c'est celui des essais hivernaux. Au départ, Sergio Perez me harponne ; quelques tours plus loin, une touchette avec Bruno Senna endommage mon aileron avant. Je traverse les embûches comme je le peux. J'apprends. Je vacille. Et les incidents ne m'empêcheront pas de me classer quatrième, avec à la clé un beau dépassement sur Nico Rosberg et l'obtention du meilleur tour en course.

Deux semaines plus tard, à Monaco, je m'élance mal de la quatrième place sur la grille, et me retrouve coincé entre deux anciens champions du monde : Fernando Alonso et Michael Schumacher. Rien que ça ! Je pars en tête-à-queue entre les rails, avant d'être percuté par Kamui Kobayashi. La presse se déchaîne alors, mais je persiste à penser, aujourd'hui encore, que Michael a tenté de s'immiscer là où il n'y avait pas de place. Monaco n'est certainement pas le tracé où les pilotes peuvent s'aligner trois par trois ! Il m'arrache la roue arrière ; c'en est fini pour moi de l'épreuve en principauté.

Heureusement, la septième étape au Canada me révélera et fera taire les critiques : je monte sur la deuxième marche du podium, mon meilleur résultat dans la discipline reine (que je réitérerai l'année suivante aux États-Unis, c'est dire si le continent américain me convient déjà bien !). À l'aéroport, Marion m'attend avec le sourire, et la une de *L'Équipe*. Y figure une photo de moi, brandissant la coupe, applaudi par Lewis Hamilton, avec un titre dont je ne suis pas peu fier : « Il est fort ce Romain » !

C'est bête, mais je crois que pour un athlète français, c'est une petite consécration. Ça, et avoir sa marionnette aux *Guignols de l'info* ! Enfin… Consécration douce-amère pour ce qui est des Guignols, bien sûr, mais je joue le jeu. Je découvre les joies de la médiatisation. Ce n'est pas ce qui me plaît le plus dans la profession !

Combien de victoires m'ont échappé en F1, pour un grain de sable ? Combien de fois suis-je passé tout près de succéder à Olivier Panis, dernier vainqueur français, en 1996 ? Olivier, Jean Alesi, Alain Prost… Les « anciens » se montrent bienveillants à mon égard, et je les côtoie avec plaisir et respect dans le paddock.

— J'ai vraiment hâte que tu inscrives ton nom au palmarès ! Qu'on passe enfin à autre chose… me glissera d'ailleurs Olivier avec un clin d'œil complice.

À Valence, en Espagne, j'ai bien cru que c'était mon heure. Je me bats pour la victoire jusqu'à seize tours de l'arrivée, derrière Fernando Alonso. Jusqu'à la casse de mon alternateur, qui me contraint à l'abandon. Inutile de vous exprimer ma déception…

Trois jours plus tard, j'épouse Marion à la mairie de Chamonix, devant quatre-vingt-dix personnes triées sur le volet. Ne serait-ce pas là ma vraie victoire, me direz-vous ? Que chacun juge selon ses propres critères ! Je vous laisse simplement deviner le sourire qui se cache derrière ces lignes…

Hélas, de 2012, la presse retient davantage mes accrochages que mes coups d'éclat ; c'est certainement bien plus vendeur… À l'instar de celui avec Paul Di Resta, au départ du Grand Prix d'Angleterre. Facile.

Mais qui se souvient qu'après mon passage au stand, au deuxième tour, je repars en piste bon dernier, et effectue une remontée dingue, jusqu'à franchir la ligne d'arrivée au sixième rang ? J'en profiterai, à l'occasion, pour m'offrir des dépassements qui compteront parmi les plus beaux de ma carrière, sur Lewis Hamilton et Jenson Button, dans le célèbre enchaînement Magotts-Becketts.

En Allemagne, ma course tombe dans les oubliettes. Des qualifications houleuses, une pénalité de cinq places sur la grille pour un changement de boîte de vitesses, un accrochage au premier tour avec Bruno Senna et une anonyme dix-huitième place à l'arrivée.

En Hongrie, avant la pause estivale, je signe mon meilleur temps en qualification, et m'élance deuxième. La première ligne sur la grille de départ, enfin ! J'obtiendrai un nouveau podium, terminant finalement troisième juste derrière Raïkkönen.

À la pause estivale, je suis satisfait de ma première moitié de saison, n'en déplaise aux mauvaises langues. En cause, selon elles, mon caractère impétueux. Je veux m'imposer, et n'ai peur de rien. Ça ne veut pas dire que je fais n'importe quoi, mais prendre des risques fait partie de notre métier, et je me trouve parfois impliqué dans des imbroglios qui tournent en ma défaveur.

Je repense alors aux discussions avec Éric et l'idée germe dans ma tête : il me faut une structure plus professionnelle. Je me tourne donc spontanément vers l'Institut national du sport, de l'expertise et de la performance (Insep), vivier des sportifs français de haut niveau, qui a vu éclore Tony Parker ou Teddy Riner. Je dois m'en inspirer, et rencontre l'entraîneur du célèbre judoka. Benoît Campargue m'accompagnera sur plusieurs courses cette saison, et me présentera la psychologue du champion olympique : Meriem Salmi. Elle côtoie de nombreux sportifs dans le cadre de l'Institut national du sport, connaît le haut niveau à la perfection. Le contact passe immédiatement et nous entamerons dès l'automne 2012 un travail que nous poursuivrons tout au long de ma carrière. D'aucuns critiqueront mes faiblesses émotionnelles. Je pense qu'au contraire, il faut être très fort dans sa tête pour être capable de soutenir cette entreprise intellectuelle. Et je laisse aux détracteurs le soin d'aller dire à Teddy qu'il manque de solidité psychologique !

Comme il est de coutume, la reprise du championnat a lieu en Belgique, sur le circuit de Spa-Francorchamps. Un an plus tôt, j'y étais couvert de gloire, grâce à mon titre en GP2 qui m'avait permis de retrouver le plus haut niveau. Si j'avais su, alors, ce qui m'y attendait à mon retour sur place ! Enfin... Je ne peux m'en prendre qu'à moi-même ; j'en suis l'instigateur principal.

La plupart des pilotes, dont je fais partie, adorent ce tracé dans les Ardennes. Brut, à l'ancienne. Sur la grille, je suis huitième, et la tension est palpable. Le week-end qui va s'achever a été chargé en accrochages et accidents dans toutes les catégories inférieures. En lever de rideau d'ailleurs, le dimanche matin, c'est l'hécatombe en GP2. Un carambolage qui aurait pu prendre une tournure dramatique, mais qui se finit, heureusement, sans gravité.

À l'extinction des feux, quelques heures à peine après cette énième échauffourée, je prends un bon départ et, avant le premier virage, double Lewis Hamilton. Dans l'action, hélas, je m'empresse de me rabattre pour l'empêcher de reprendre son rang, et nous nous accrochons, roues arrachées. Passager de sa propre voiture, Lewis va alors percuter Fernando Alonso et Sergio Perez, comme dans un jeu de quilles.

Des quilles humaines.

Nous sommes tous les quatre au tapis, la piste est maculée des débris de nos monoplaces.

Pire : sonné par la violence de l'impact, Alonso peine à s'extraire de la sienne.

Sous le choc moi aussi, je reste un temps en bord de piste, casque sur la tête. Encore fébrile, je tente de retrouver des repères et jette spontanément un coup d'œil par-dessus les rails. C'est là, derrière la ferraille, que j'aperçois un journaliste. Il fait mine de m'applaudir pour me féliciter du carnage, l'air vicieux, se délectant déjà des critiques qu'il pourra déverser dans son magazine, sans attendre ma réaction ni même ma rédemption. Sans savoir ce qui peut se passer dans ma tête à ce moment-là ; la douleur, le stress, la désolation. Je suis désemparé.

Je ne cherche aucune pitié. Je ne cherche pas non plus d'excuses à mon erreur. J'explique juste qu'un jeune pilote qui participe à sa première saison complète en F1, qui se retrouve propulsé sous le feu des projecteurs et qui a gagné sa place au mérite, sans apporter une valise de dollars, devrait au moins être traité avec un peu d'indulgence, à défaut de respect ou de clémence. Il suffit d'essayer de jongler avec un ballon pour comprendre à quel point un footballeur a du talent. N'est pas Zidane qui veut ! En revanche, il est plus difficile de se rendre compte des compétences requises pour devenir un bon pilote, puisque personne n'a la possibilité de se mettre à notre place dans un peloton. Ce n'est pas parce que l'on a un permis de conduire que l'on sait analyser la télémétrie, ni s'élancer à 350 km/h parmi dix-huit ou vingt autres bolides… Croyez-moi sur parole !

Je suis jugé seul responsable de la catastrophe, et aussitôt exclu du Grand Prix d'Italie, le prochain sur le calendrier. C'est la première fois depuis 1998 qu'une sanction aussi sèche est appliquée. Conspué par la presse, humilié par les instances dirigeantes, j'ai pourtant le sentiment de ne pas mériter une condamnation aussi sévère pour un tel fait de course, même si je sais que j'ai commis une faute. Sans vouloir me présenter comme le Calimero de service… C'est très dur. Et ceux qui me connaissent savent que je n'ai pas pour habitude de me plaindre ! J'aime aller de l'avant. Me battre.

Sur l'autoroute qui me ramène chez moi, en ce sombre dimanche, j'envoie un texto à Fernando Alonso pour lui faire part de mes regrets, et lui expliquer à quel point je suis désolé, autant que soulagé, de le savoir sain et sauf. Il me répond dans la seconde ; m'informe que tout va bien, et surtout que la punition est particulièrement injuste. Ah ! Le concept d'être un bouc émissaire ne vient pas simplement de mon esprit torturé. À la suite de cet épisode, l'idée du permis à points germera ; il sera mis en place plus tard, pour le bien de notre sport. S'il avait déjà été en vigueur en 2012, jamais je n'aurais été empêché de participer au Grand Prix d'Italie, et l'histoire aurait été bien différente.

Enfin... L'incident me place dans une situation inconfortable, vous vous en doutez. Sur la grille de Singapour, lorsque je suis autorisé à reprendre le volant, je ne peux pas être serein. Comment délivrer le pilotage qui est le mien, puisque tous me surveillent et m'attendent au tournant ? Je suis partagé entre l'envie de bien faire et la nécessité de m'éloigner des embrouilles. Je terminerai septième à l'issue d'une course bien sage.

Mais au Japon... Quel enfer. Je m'élance quatrième lorsque je percute la Red Bull de Mark Webber. Cette fois, c'est entièrement ma faute, je le sais. À force d'être incriminé par tous, je finis par devenir celui que tout le monde imagine. Pénalisé par un *stop-and-go* de dix secondes, j'abandonnerai à deux tours de l'arrivée, défait et frustré. Dans le motorhome Lotus, alors que la presse est là (et qu'elle pourra en faire ses choux gras), l'Australien débarque, fou furieux, prêt à en venir aux mains. C'est là qu'il me qualifiera de « cinglé du premier tour ». L'expression fera le tour du monde. Webber ira même briser tous les panneaux publicitaires de l'équipe, de rage. Nous n'en reparlerons jamais ensemble.

Le moment du départ est évidemment crucial, dans n'importe quel sport. Parlez-en à un skieur ou à un sprinteur ! En F1, nous avons une procédure très précise à suivre, qui évoluera, bien sûr, au fil des années et des règlements techniques. En 2012, j'adore particulièrement sentir la pression monter, le rythme cardiaque s'accélérer, jusqu'à 180 pulsations par minute. Tout peut arriver, et il faut savoir saisir la moindre opportunité, surtout avec une monoplace de milieu de tableau. Bien plus tard, après que j'aurai rejoint Haas, les départs n'auront plus la même saveur, les courses devenant de plus en plus aseptisées dès le premier virage. Le DRS[1] saura d'ailleurs se rendre obligatoire tant il n'est plus possible d'effectuer le moindre dépassement à la régulière en cours d'épreuve. Et Dieu sait si je trouve son principe de fonctionnement franchement nul !

Je profite d'évoquer le règlement pour ouvrir une parenthèse sur ce sujet ô combien polémique. Je ne devrais pas le crier trop fort, mais en F1, il faudrait presque ralentir les monoplaces pour favoriser à nouveau le spectacle en piste ! Paradoxal, non ? Les pneus surchauffent bien trop dès que l'on colle un adversaire de près, et je le déplore. Le débat est lancé,

1. *DRS: Drag Reduction System*, le système de réduction de la traînée est un système situé sur l'aileron arrière des monoplaces. Actionné dans une zone bien définie d'un circuit, il offre un gain de vitesse à un pilote qui se trouve à moins d'une seconde de l'adversaire qui le précède, facilitant ainsi son dépassement.

Pirelli a fort à faire avec les pilotes qui se plaignent de leur gomme quotidiennement ; mais… ne devrait-on pas de nouveau ouvrir la F1 aux autres manufacturiers pour rendre les courses plus intéressantes ? Caper les budgets, pour pallier les disparités entre les équipes, également ? C'est jeter un pavé dans la mare. J'y reviendrai plus tard, car les problèmes financiers m'ont valu quelques situations cocasses avec mes différentes écuries.

Sur certains accrochages, je plaide de bonne foi la malchance. Mes amis plaisantent en m'appelant le « chat noir ». À Abu Dhabi notamment, ma course est avortée alors que je suis cinquième, car je me trouve impliqué dans un accident initié par Sergio Perez et Paul Di Resta. C'est mon équipier Kimi Raïkkönen qui remportera le Grand Prix.

J'achèverai finalement ma première saison complète en F1 sur un abandon, au Brésil. Les qualifications sont un fiasco : après une touchette avec De La Rosa, l'équipe change mon aileron avant, mais pas les pneus. Un oubli qui me fait m'élancer à une triste dix-huitième position. En course, l'erreur est mienne, malheureusement. Je sais que ma place est en danger, mais au fond de moi, aujourd'hui encore, je reste convaincu que je n'ai pas démérité : huitième du championnat avec trois podiums et un meilleur tour en course, ce n'est pas si catastrophique pour un débutant, non ?

Tout au long de ma carrière, j'en prendrai mon parti. Je serai souvent conspué, lynché. Les critiques pleuvent, mais je n'en ai pas le monopole. Pierre Gasly dégringolera plus tard de son piédestal chez Red Bull et sera forcé de retourner chez Toro Rosso, pour renouer avec un succès qu'il ne devra qu'à son seul mérite. Avant lui, Jean-Éric Vergne fut également livré en pâture à la presse, au point de quitter la F1 la tête basse et les espoirs déçus. Il retrouvera alors sa liberté, son plaisir, et la gloire ailleurs, en Formula E. Preuve qu'il y a une vie, en dehors du paddock de la F1. Preuve que certains talents sont gâchés, et étouffés par le système. D'autres encore en feront l'expérience : Sébastien Bourdais ou Sébastien Buemi, pour ne citer que les francophones, quitteront cet univers impitoyable pour s'épanouir autrement, et surtout bien mieux.

Je m'interroge... Peut-être vaut-il mieux inspirer des sentiments de haine ou de ferveur que ne rien inspirer du tout, non ? Peu de pilotes peuvent se targuer de déchaîner autant de passions, et de laisser une trace dans la discipline reine ! Ces déferlantes seront parfois difficiles à gérer, mais je les assumerai et ne regrette rien.

Dans l'avion qui me ramène en Europe, au soir du Grand Prix du Brésil, je voyage avec une partie du paddock, dont Éric Boullier. Quelque part au-dessus de l'Atlantique, il me confie :

— Bon. Le bilan est mitigé. *A priori*, on va tout de même reconduire ton contrat la saison prochaine, mais...

Je sens déjà que je ne vais pas aimer la suite de son discours.

— Mais… Écoute-moi, reprend-il. Je sais que tu t'es marié cette année, et je suis content pour toi. Cela dit, il faut que tu prouves à l'équipe que tu as la tête à cent pour cent dans ton boulot. Qu'il n'y a rien d'autre qui compte. Donc évite de te lancer dans la création d'une famille avec des gosses et tout le tralala, hein ? Reste concentré sur tes objectifs, ça doit être la priorité absolue. On t'attend au tournant, et tu n'auras pas le droit à l'erreur.

Je hoche la tête, sans trop savoir quoi lui répondre. Cela fait moins de deux semaines qu'on a appris la nouvelle : Marion est enceinte de notre premier enfant. L'heureux événement est prévu pour l'été 2013. Oups.

Lorsque je l'annoncerai à Éric, un peu plus tard, en janvier, il entrera dans une colère noire et ira jusqu'à évoquer un « manque de respect » vis-à-vis de l'équipe. Il m'était pourtant difficile d'en parler plus en amont ; pas avant l'échographie du premier trimestre en tout cas. Tous les parents le savent : tant qu'on n'a pas la certitude que le bébé se porte bien, mieux vaut se taire.

En revanche, je suis bien conscient de ma chance, et comprends qu'il faut que j'envoie un signal fort aux membres du Lotus F1 Team. Je quitte donc la France pour m'établir en Angleterre, et me rapprocher de l'usine d'Enstone. Je pourrai travailler au simulateur et être présent pour les ingénieurs à chaque fois qu'ils l'exigeront.

La saison s'est achevée le 25 novembre et mon contrat tarde un peu à être renouvelé. Mi-décembre, je m'envole pour Bangkok afin de participer à la nouvelle édition de la Race of Champions aux côtés de Sébastien

Ogier. L'événement est sympa, et réunit les plus grands noms du sport auto : Sebastian Vettel, Michael Schumacher, Tom Kristensen... Mais c'est moi qui m'imposerai cette année-là, à la plus grande surprise de tous, y compris la mienne ! Sans cause à effet, Éric confirmera enfin ma reconduction au lendemain de ma victoire.

Tout me sourit pour de bon, et je m'apprête à vivre, sans le savoir, ma plus belle année en Formule 1.

Marion

Le 3 juin 2012, nous sommes à vingt-quatre jours de notre mariage, et la veille de notre départ pour le Grand Prix du Canada. Un voyage très émouvant pour moi puisque je retourne dans un pays où j'ai étudié, dix ans plus tôt. Je m'attends à retrouver tout ce que j'ai laissé là-bas : les briques rouges des immeubles, les odeurs de cannelle et d'érable, mais aussi les écureuils, les roulottes à hot-dogs que l'on dévore à n'importe quelle heure du jour ou de la nuit, la vie de fourmi dans les dédales souterrains des villes, à l'abri des grands froids et du gel... Tout ! J'y avais absolument tout aimé. Et, bien sûr, la devise inscrite sur les plaques d'immatriculation québécoises : « Je me souviens », me fait toujours tendrement sourire. En ce dimanche soir, en tout cas, elle n'a jamais été aussi lourde de sens !

Il est tard. Les valises sont prêtes, et nous regardons tranquillement la télé lorsque mon futur époux reçoit un appel de Gwen Lagrue. Gwen travaille aujourd'hui en F1 avec Mercedes, mais il est surtout un proche de Romain et de Guillaume Moreau, ami d'enfance et pilote d'endurance. Il n'est pas rare qu'il nous téléphone pour prendre de nos nouvelles. Pourtant, cette fois, sa voix tremble, et nous comprenons très vite pourquoi.

— Romain… Guillaume a eu un accident lors de la journée de test pour les 24 Heures du Mans… C'est grave.

Cet appel que l'on redoute tous, quand on baigne dans le sport automobile.

Cet appel effrayant.

À l'époque, je tenais un journal intime. Pour construire ce livre, j'ai dû le rouvrir pour raviver au mieux mes souvenirs. Et croyez-moi, je me passerais bien de celui-ci ! Mais j'y avais écrit, alors, quelques mots qui m'ont interpellée à la relecture, toutes ces années plus tard. Je me permets de vous les confier car ils trouvent ici un écho prémonitoire et troublant. Surtout depuis que l'on connaît l'heureux dénouement pour Guillaume et Romain ! Voilà donc quel était le fil de mes pensées, quelque part entre Paris et Montréal :

Dans l'avion, le 4 juin 2012

Comme la vie nous remet à notre place parfois… Après l'appel de Gwen, quand on s'est couchés hier soir, Romain et moi, dans notre lit, serrés l'un contre l'autre, je n'ai pu m'empêcher de songer : « Ce n'est pas nous », et je m'en veux tellement pour cela. Ce n'est pas nous.

[…]

Que notre bonne étoile continue à protéger Romain le plus longtemps possible. Moi qui suis si chamboulée à l'idée de retourner au Canada…

[…]

J'essaie d'aspirer chaque seconde qui s'éteint pour la retrouver au moindre battement de paupières le reste de mon existence.

« La vie nous remet à notre place »… Aucun doute, la Marion de 2012 avait bien raison !

« La vie nous joue surtout de sacrés tours », dirait celle de 2021…

Guillaume va bien, rassurez-vous. Il est un papa épanoui aujourd'hui, tout comme Romain, et les retrouvailles ultérieures entre ces deux rescapés n'en seront que plus précieuses, je peux vous le garantir.

7

Happy days

Romain

Qu'il commence mal, ce championnat 2013 ! À Melbourne, pour le premier Grand Prix, je me classe péniblement dixième… alors que Kimi remporte la victoire. L'équipe exulte, et bien sûr, je me réjouis pour elle, mais au fond de moi, je suis dépité. La raison de ma « contre-performance » ? Elle paraît floue. Je crois que quelque chose ne fonctionne pas dans cette monoplace. Elle a tout pour être rapide, elle est bien née, les essais hivernaux se sont montrés concluants, mais je ne me sens pas à l'aise, et n'arrive pas à comprendre pourquoi. Je fais part de mes interrogations à mes ingénieurs. Ils analysent tout dans les moindres détails, sans rien trouver. Tout va bien, m'assurent-ils. En route pour la Malaisie.

Aux abords de Kuala Lumpur, jouxtant l'aéroport, Sepang est un circuit que j'adore. Et, sans vouloir paraître prétentieux, je suis toujours plus rapide quand le tracé m'inspire. Je termine sixième, devant Raïkkönen cette fois-ci, mais… Ce sentiment de gêne… Il me tenaille toujours. Il y a un souci avec ma voiture. Je provoque donc une nouvelle discussion avec mes ingénieurs. Ils restent formels : ça vient forcément de mon pilotage. Tout devrait pourtant bien se passer. Je suis plus que prêt, parfaitement affûté physiquement, mais il m'est impossible d'être serein, sans aucune raison.

Nous débarquons alors en Chine, à Shanghai, pour la troisième manche de la saison, et je campe sur mes positions. Devant les certitudes de mon équipe, les doutes m'assaillent et je finis par perdre les pédales ; mon impulsivité prend le dessus. À l'issue de la dernière séance d'essais libres, le samedi matin, je donne un coup de poing rageur dans le mur de ma chambre. Je ne comprends pas ce qui m'arrive et imagine peut-être évacuer ma frustration par un excès de colère particulièrement inspiré !

Grande idée, Romain… Le résultat de cet acte de désespoir, lui, est bien plus concret que les problèmes de ma monoplace : fracture du cinquième métacarpe de la main droite. Une fracture que je tairai, évidemment, pour qu'on ne m'empêche pas de rouler en qualification et en course ! La douleur physique est violente, mais moins que celle que j'endure psychiquement, et la huitième place au drapeau à damier ne m'apaisera en rien. Je sens que je peux tirer tellement plus de ma voiture… Je devine son potentiel, sans pouvoir l'exploiter. Est-ce moi qui ne sais plus piloter ? Bien sûr, puisque personne ne trouve rien de cassé, rien de plié ! Les données télémétriques ne peuvent pas mentir. Je perds confiance. C'est là mon point faible : je n'arrive pas à m'adapter aux contraintes d'une monoplace qui ne convient pas à mon style. Je suis capable de tirer le maximum d'une machine performante, et d'aller chercher les ultimes millièmes qui feront la différence entre les autres et moi ; mais une défaillance ou un dysfonctionnement s'en mêle, et le week-end vire vite au cauchemar.

Il faudra attendre le quatrième Grand Prix pour découvrir la source de tous mes maux.

Enfin.

Je n'étais pas fou.

Le problème ? Il vient du système de récupération de l'énergie cinétique, le KERS. C'est un détail infime, subtil, mais essentiel. En fin de freinage, la balance n'arrivait pas à passer sur l'arrière, empêchant la voiture de tourner correctement, et entravant mes performances. Eurêka ! Il s'agit là d'un grain de sable imperceptible qui enrayait toute la machine. Je suis délivré, et monte fièrement sur la troisième marche du podium.

Pourtant, malgré le soulagement, les courses suivantes me laissent un souvenir mitigé. Il me semble que je dois rattraper le « retard » accumulé à force de chercher la cause de mes malheurs. En Espagne, je me classe sixième à l'issue des qualifications, mais abandonne au huitième tour de course, la faute à une suspension arrière cassée. À Monaco, je percute Daniel Ricciardo au freinage de la chicane du port. En repentance, je suis pénalisé de dix places sur la grille de départ au Canada, où je termine à une anonyme treizième position. En Angleterre, enfin, j'abîme mon aileron dans un contact avec Mark Webber.

Puis vient le Grand Prix d'Allemagne, sur le mythique circuit du Nürburgring. Ce sera d'ailleurs la dernière fois que la F1 s'y rendra, malheureusement, pour de sombres raisons financières, avant son retour exceptionnel au calendrier dans les circonstances de 2020 que l'on connaît. Ce sera aussi et probablement la victoire dont je serai le plus proche. Celle qui m'était destinée. S'il n'y avait pas eu un incident… pour le moins incongru ; et l'adjectif est un doux euphémisme.

Je mène la course un temps, avant de changer de pneus. Je me retrouve alors deuxième derrière Sebastian Vettel, mais je sais que lui aussi, va devoir s'arrêter aux stands. Il ne me restera qu'à reprendre le commandement et rallier l'arrivée sans faute. Je peux le faire. C'est presque facile.

Au vingt-et-unième tour, Jules Bianchi abandonne, moteur en feu. Un fait de course comme il en arrive fréquemment. Le Français se gare alors sagement sur le bas-côté, mais pour une raison qui m'échappe, la Marussia ne s'immobilise pas correctement. L'image qui s'ensuit est insolite, et inédite. Alors que Jules a déjà sauté de sa voiture, voilà celle-ci qui se met à dériver doucement, seule, et à rouler en marche arrière jusqu'à traverser la piste ! Une glissade étrange, sans pilote à bord, qui provoque aussitôt l'intervention de la voiture de sécurité, pour que les commissaires puissent enfin la dégager convenablement. Aucun dommage supplémentaire ne sera subi, et tout le monde en plaisantera par la suite.

Tout le monde, sauf moi. Car la voiture de sécurité rebat les cartes. Vettel s'offre un changement de pneus gratuit au cours de la mésaventure, et à la régulière, ma Lotus ne peut pas se battre contre sa Red Bull, je le sais très bien. Me voilà donc deuxième derrière l'Allemand, sans être jamais dans la capacité de prendre le meilleur sur lui. Enfin, en coup de grâce, à cinq tours de l'arrivée, mon ingénieur me demande à la radio de laisser passer Kimi, le leader de notre équipe, qui se trouve derrière moi. Je terminerai triste troisième.

Triste troisième à l'arrivée en Allemagne... mais troisième ô combien prometteur sur la grille de départ en Hongrie, deux semaines plus tard ! Les week-ends se suivent sans se ressembler. Ma frustration s'est muée en rage maligne lors des qualifications, sur le tourniquet du Hungaroring.

Le Hungaro est un tracé que j'adore, mais qui a la contrainte de rendre les dépassements quasiment impossibles. Peut-être même plus encore que Monaco... C'est dire ! J'ai à cœur de bien faire, évidemment, après avoir atteint ce que j'imagine être l'apogée de la déception au Nürburgring. Hélas...

Celle-ci sera supplantée par un sentiment d'injustice bien plus vil encore, ce dimanche 28 juillet ! Alors que je suis promis à une belle course, les commissaires m'imposent une pénalité (un *drive-through*) pour un dépassement sur Felipe Massa jugé hors des limites de la piste. Nous n'aurons clairement pas la même vision des limites de la piste, ni du sens du spectacle ! Je suis fou de rage. Cette manœuvre est probablement la plus belle de ma carrière ! Loin de moi l'idée de paraître persécuté mais… j'ai longtemps regretté cette décision arbitrale, qui me fera terminer à une sixième place bien sévère.

Au soir de ce Grand Prix de Hongrie, j'ai beaucoup à dire pour évacuer ma frustration, et je rentre à Paris vers 23 h 30 afin de retrouver Marion ; je vais pouvoir souffler, et nous avons prévu de passer ensemble la pause estivale à deux, puis à trois, avec notre futur enfant. Il est vraiment temps ! La première moitié de saison a été particulièrement riche en rebondissements… J'ai désormais trois semaines devant moi pour me ressourcer, et apprendre à être père. Marion, elle, est soulagée ; elle avait très peur que je sois retenu à l'étranger au moment de l'accouchement !

Il fait encore chaud, à cette heure tardive, et comme à son habitude, ma femme m'attend pour débriefer du Grand Prix. Nous nous installons sur la terrasse, pour nous désaltérer et discuter. J'avais perdu 3 kg d'eau en course, et je me souviens combien j'étais épuisé. Nous nous sommes alors couchés vers 1 h 30, au cœur de la nuit. Moins de quatre heures plus tard, bien avant l'aube, Marion me réveille :

— Romain… Il faut aller à la clinique !

— T'es sûre ?

Oh oui, elle était sûre ! Sacha est né très vite, avant 9 heures du matin. Il paraît que c'est rare pour un premier enfant. « Un vrai bébé F1 », commentera, en plaisantant, l'une des infirmières présentes.

Pour l'anecdote, nous conserverons la une de *L'Équipe* du 29 juillet 2013, et son titre : « Grosjean méritait mieux », en référence à mon Grand Prix de Hongrie. Désolé, mon Sacha… Les journalistes n'avaient pas encore eu vent de ta naissance à l'heure de l'impression ! Nous l'avons annoncée bien plus tard, après l'avoir savourée égoïstement de tout notre soûl.

Avant lui, je n'avais jamais pris un nouveau-né dans mes bras. Pourtant, lorsqu'une sage-femme m'a demandé si je l'autorisais à habiller mon fils à ma place, dans la salle d'accouchement, j'ai refusé. J'ai tenu à le faire moi-même, tout de suite ; chancelant et maladroit.

« Avant lui. »

Comme si la Terre avait tourné sans que Sacha existe. Ça me paraît impossible !

Mon fils.

Pour les hommes, la paternité se concrétise à la naissance, je crois, et je voulais être un bon père dès les premières secondes de sa vie. Marion, elle, s'est sentie mère bien plus tôt. Elle l'a porté pendant neuf mois, elle avait davantage conscience du bouleversement à venir dans nos existences.

Est-ce que ça a changé mon pilotage ? Non, je ne pense pas. En revanche, tout a pris sens. J'avais une responsabilité envers lui, et j'ai découvert une partie de moi que je ne connaissais pas. Une forme d'amour qui n'a rien à voir avec celui que je porte à ma femme. Une férocité, sans doute. Le lien qui m'unit à mes enfants renverse tout. Je donnerais ma vie pour eux ; même si je crois que ça n'a rien d'original. Quel parent, père ou mère, ne se reconnaît pas entre ces lignes ?

Coïncidence ou non, la suite de la saison 2013 marque mon âge d'or en Formule 1 ! Neuf Grands Prix s'enchaînent ; je terminerai sept fois dans les points, pour deux abandons dus à une défaillance de ma monoplace (problème de pression d'air à Singapour alors que je vise le top 3, et un moteur qui explose après trois tours au Brésil pour le dernier Grand Prix de l'ère V8). Je monte quatre fois sur le podium en cinq courses : en Corée du Sud, au Japon (après avoir pris la tête dès le départ !), en Inde (en partant dix-septième sur la grille à cause d'une erreur de l'équipe en qualif !) et aux États-Unis. Ajoutez à cela une solide quatrième place à Abu Dhabi… Bref, un succès magnifique pour le jeune pilote que je suis. Raïkkönen, mon illustre équipier, n'est plus qu'un faire-valoir, et si la saison avait commencé là, j'aurais sans nul doute terminé vice-champion du monde derrière Sebastian Vettel.

De quoi être satisfait… et nourrir de gros regrets au regard de mes soucis techniques du début d'année, avec une septième place au classement général final.

Une question me taraude ; bien avant la pause estivale, Kimi a signé un contrat pour 2014 avec Ferrari. Si je n'avais pas connu de déboires avec le KERS au printemps, aurais-je pris sa place chez les rouges, moi qui l'ai dominé tout le reste du temps ? On ne récrit pas l'histoire, me direz-vous, mais le doute est là…

Les médias retournent leur veste et attribuent mes performances à ma nouvelle paternité. Il faut bien trouver une raison à ce revirement qui fait couler tant d'encre ! Preuve que la presse et moi ne nous sommes jamais compris. Loin de moi l'idée de dévaloriser la naissance de Sacha, mais je ne crois pas qu'il y ait de lien de cause à effet. Si ça avait été le cas, d'ailleurs, mon pilotage en aurait plutôt pâti, vu la fatigue accumulée au cours des six premiers mois de son existence ! Marion a toujours refusé de prendre une jeune fille au pair à la maison, ou quelqu'un pour nous aider la nuit. Elle tenait à notre intimité familiale, et à ce que l'on s'occupe de nos enfants nous-mêmes. Combien de fois nous sommes-nous levés à 3 heures ou 4 heures du matin pour administrer les doses de Doliprane ? Pour changer les couches débordantes ? Éponger les régurgitations ? Bien sûr, les enfants nous poussent à nous transcender ; ils nous donnent l'envie de devenir mieux que nous-mêmes, mais… quel épuisement également !

« Devenir mieux que nous-mêmes... » Voilà un écho à toutes les réponses que j'ai pu fournir en interview pendant cette seconde moitié de saison, mais aussi au cours de toute ma carrière, d'une manière générale. C'est devenu une blague avec les journalistes que j'apprécie dans le paddock. Les questions sont tellement formatées. Il est facile de critiquer les sportifs pour leur manque d'originalité, mais à question banale, réponse banale, non ?

— Quel va être votre objectif en course ?

— Ben... Donner mon maximum !

Comment pourrais-je prévoir ce qui va se passer ? Que répondre d'autre ?

Mon hostilité envers les médias est souvent source de débat entre Marion et moi, elle qui défend évidemment son corps de métier. Elle reproche aux pilotes d'être trop consensuels dans leurs réponses. Il est vrai que nous sommes entourés par une horde d'attachés de presse (plus ou moins compétents) qui nous disent quoi faire et quoi penser tout au long des week-ends de Grands Prix. Le moindre dérapage verbal est rapporté, voire déformé, et peut engager notre place dans une équipe. Mais en face, honnêtement... Les questions nous font parfois rire. Quand on s'élance des premières lignes sur la grille, évidemment que l'on espère gagner, ou accrocher un podium ! Et à l'inverse, avec une monoplace récalcitrante, viser le top 10, c'est déjà bien. Une fois que l'on a enfoncé cette porte ouverte, que voulez-vous que l'on ajoute ?

Enfin… j'accorde tout de même une vertu aux médias : celle de créer le lien entre le public et nous. Je sais que lorsque je réponds à un journaliste, c'est aux supporters que je m'adresse, et j'essayerai toujours de le respecter. Quels que soient mes rapports avec l'interviewer… !

En 2013, j'inscrirai des points à treize reprises sur dix-neuf Grands Prix. Je l'ignore encore en cette fin d'année, mais j'aurai atteint le sommet de ma carrière en Formule 1. Moi qui ai gagné dans toutes les catégories dans lesquelles j'avais roulé auparavant… Comment imaginer que mes plus belles années étaient déjà derrière moi ? Je savais seulement que la discipline allait vivre un tournant majeur de son histoire. Un tournant qui ne serait pas sans conséquences pour l'ensemble du plateau, et qui serait tragique pour l'un d'entre nous.

Marion

L'un des défauts de Romain est aussi l'une de ses plus grandes qualités. Il est un compétiteur né. Il aspire à toujours être le meilleur, dans tous les domaines. Sur la piste, c'est manifeste. Mais dans la vie privée également ; il s'emploie à être le meilleur ami, le meilleur mari, le meilleur père. Il est d'une exigence extrême avec lui-même, il ne se laisse rien passer ; ne se pardonne jamais rien, alors que paradoxalement, il est bien moins rancunier que moi quand il s'agit d'accepter les coups bas d'autrui !

Il n'est pas toujours à la maison, bien sûr. Accaparé par les Grands Prix, par son entraînement physique, par ses différents business ou passions, mais il sera à tous les plus grands rendez-vous de notre histoire d'amour : la naissance de nos trois enfants. J'avais pourtant tellement peur d'accoucher sans lui, à l'été 2013 ! Mon obstétricien m'avait dit, au cours de la grossesse : « Ne vous inquiétez pas, les bébés attendent souvent le retour des papas. »

Était-ce pour me rassurer, ou parlait-il d'expérience ? Sacha lui a donné raison, pour notre plus grand bonheur. Romain sera là, aussi, plus que beaucoup de parents, pour tous les spectacles de fin d'année. Pour les petits bobos et les gros chagrins. Pour les devoirs de maths, l'histoire du soir, les pizza parties, le bain et les câlins.

J'évoquais ses passions. Ah ! Vaste sujet ! Contrairement à bon nombre de ses collègues (dont je tairai le nom), il a de nombreux centres d'intérêt, divers et variés, en dehors de la course automobile. La cuisine, l'aviation, et bien sûr le sport, comme exutoire pour compenser parfois les faiblesses de sa monoplace ! Il pallie le manque de challenge en piste par d'autres engagements, et quand il aime, il se donne à fond. À vélo, souvent, puis en kitesurf. Il découvre ce sport en vacances dans les Caraïbes en janvier 2019. Très vite, il excelle. Je crois de toute façon que Romain est doué pour à peu près tous les sports auxquels il se frotte ! Il faut dire qu'il est aussi très mauvais joueur, et très mauvais perdant… Combien de fois nous sommes-nous disputés pour une partie de molky, ou de pétanque ?!

Ainsi, lorsqu'il se lance dans l'apprentissage d'une discipline, il s'entraîne sans relâche jusqu'à maîtriser complètement son sujet. En novembre 2019, je me souviens d'une demande qu'il me fait, alors qu'il est en passe de réserver ses voyages à Abu Dhabi pour la F1.

— Je pourrais peut-être partir deux jours plus tôt pour faire un peu de kite à Dubaï, non ?

— Mais… tu en as déjà fait tellement cette année !

— Tu plaisantes ? À peine une dizaine de fois…

— Oui : dix fois… en dix mois ! Et pas n'importe où ! En République dominicaine, en Australie, à Dubaï, au Portugal, en France, en Suisse…

Romain perfectionne ainsi ses talents de kitesurfeur en marge des Grands Prix lorsque le cadre s'y prête, mais aussi pendant nos vacances. Traditionnellement, notre destination, pendant la trêve estivale, dépend de la topographie du terrain ; elle doit être propice à sa dépense physique au moins autant qu'à notre détente familiale ! En Corse notamment, lorsque les enfants étaient bébés, nous voyagions donc systématiquement avec le matériel de puériculture et… son vélo ! Ces dernières années, c'est le kite qui prend le plus de place… Les déplacements de la famille Grosjean nécessitent toujours une sacrée organisation ! Et encore… c'est sans compter les affaires de Petrus, notre chat !

8

Drapeau noir

Romain

En 2014, la F1 vit une révolution technique, avec le retour des moteurs turbocompressés V6. Leur régime est limité à 15 000 tours par minute, et les équipes ont dû travailler d'arrache-pied pour se préparer à tous les changements que cela implique. Il y va de la survie du sport automobile, qui se doit d'évoluer avec son temps.

Cette même année, le vent a tourné pour Lotus, en proie à des soucis financiers. Éric Boullier a quitté le navire pour rejoindre McLaren. Kimi Raïkkönen s'en est allé pour un juteux contrat chez Ferrari ; il est remplacé par Pastor Maldonado, un Vénézuélien dont la mallette de pétrodollars a au moins autant de charme pour nos dirigeants que son coup de volant ; si ce n'est plus !

Officiellement, Éric, lui, laisse sa place à Federico Gastaldi. Un homme très sympathique, bien intégré, mais qui occupait depuis 2010 le poste de… directeur commercial de l'équipe ; c'est dire si la technique n'est pas sa spécialité ! Malgré toute sa bonne volonté, ce sera un vrai problème dans la gestion et l'organisation de Lotus.

La nouvelle monoplace, la E22, est difficile, et peu fiable. J'abandonnerai six fois sur problème mécanique et ne terminerai que deux fois dans les points : en Espagne (pour mon cinquantième Grand Prix) et à Monaco. En qualification, réussir à passer Q2 est un exploit. La presse rira de mon expression, mais je ne cacherai pas ma hâte de terminer la saison en achevant « la E22 à grands coups de marteau » ! Mon équipier est moins loquace, mais surtout moins prolifique ; il ne marquera que 2 points sur l'ensemble du championnat, soit un total de 8 pour nous deux, contre les 315 récoltés avec Kimi en 2013. Les statistiques sont à l'image de ma frustration.

Pour pallier le manque de performance, il faut surpiloter, et forcément, c'est courir le risque de partir à la faute. En Hongrie, sous une pluie diluvienne et piégeuse, je dérive en tête-à-queue alors que la voiture de sécurité est en piste. Et je serai à nouveau traité comme un moins que rien.

Tout le monde a déjà oublié mes exploits de l'année précédente. Aujourd'hui, je souris pourtant de l'anecdote, car le jeune prodige George Russell a commis exactement la même erreur de pilotage à Imola en 2020, au volant de sa Williams ! A-t-il été lynché comme moi à l'époque ? Bien au contraire ! Pour protéger, à raison, son poulain, Toto Wolff a déclaré dans les médias : « Cela fait partie du processus de développement... Je pense que tout le monde a besoin de mettre une voiture dans le mur sous safety car. Ce qu'a fait George est arrivé aux meilleurs. »

Aux meilleurs, Toto ?

Je ne pourrai pas m'empêcher de répondre, vous vous en doutez ! C'était trop tentant...

À George, d'abord, en toute sincérité : « Je sais ce que tu ressens. Il faudra du temps pour l'oublier, mais ce que tu fais est génial. Continue d'attaquer ! »

Au dirigeant de Mercedes, sur les réseaux, pour plaisanter : « Merci Toto... PS : je suis dispo pour 2021 ! »

Quand on connaît la suite de mon histoire, on réalise, ironiquement, que ça ne tombera pas dans l'oreille d'un sourd ! J'entretiens d'excellents rapports avec l'équipe championne du monde.

Il vaut mieux en rire, évidemment, mais je l'évoque avec aussi un peu d'amertume, car une réalité cruelle se cache derrière ces bourdes. Quand on a entre les mains l'une des monoplaces les plus performantes du plateau, on peut se permettre de ne piloter qu'à nonante-neuf pour cent de ses capacités ; cela suffit amplement, la technique comble le reste. Quand on se bat dans les profondeurs du classement, en revanche, il faut être à cent dix pour cent. Et c'est inéluctable, je vous l'ai dit : plus de risques, implique plus de fautes.

Plus de risques.

Et voilà les mots qui m'échappent en plein récit de cette année macabre.

2014. Un gros gâchis, et mon plus grand regret certainement, sur l'ensemble de ma carrière. Ce sera aussi et surtout notre pire drame, à tous.

Un drame qui balaie tout le reste avec une violence effroyable, le 5 octobre.

Un drame qui occulte mes soucis professionnels dérisoires et obscènes.

Je suis de ceux qui ont grandi avec la notion de danger sans avoir jamais flirté avec lui véritablement. Le dernier samouraï de la F1 reste Ayrton Senna, et j'avais à peine huit ans lorsqu'il s'est tué à Imola. Comment imaginer une seule seconde que nous allions perdre l'un des nôtres ? Comment imaginer une seule seconde que ce serait Jules ? Lorsque je descends de ma voiture, après le drapeau rouge qui suit son accident au Japon, je suis fou de rage. J'ai plein de problèmes avec ma monoplace, et j'arrive dans le carré des interviews particulièrement énervé par ma course. Le carré des interviews, c'est le lieu de passage incontournable pour tous les pilotes après les qualifications et les Grands Prix. Là où tous les journalistes télé et radio nous attendent pour récolter nos premières impressions. Refuser de s'y rendre, c'est prendre une grosse amende de la part des instances dirigeantes, qui nous imposent ces discussions à chaud, pas toujours subtiles, avec les médias.

Ce dimanche 5 octobre, je m'approche de la zone des Français, et ils me demandent mon avis sur l'accident de Jules. J'explose. De quoi me parle-t-on ? Je me fiche des sorties de piste des autres, même d'un aussi bon copain. Je n'ai rien vu de ce qui s'est passé. Mon attaché de presse ne m'interrompt pas, et j'imagine que si un événement capital s'était produit, il m'en aurait informé. Je reçois alors un texto de Marion, restée à Paris.

« Comment va Jules ? » s'inquiète-t-elle.

Je réponds sèchement que j'ai d'autres préoccupations que de savoir si Jules a une égratignure. C'est là qu'elle m'écrit :

Romain, je crois que c'est très grave.

Il m'a fallu du temps pour le comprendre.

Pour l'accepter.

Jules.

Ainsi, c'est vrai.

On peut mourir en course.

Loin de moi l'idée que certains méritent un destin tragique plus que d'autres, et je respecte les croyances de chacun mais… S'il y a un Dieu, quelque part, au-dessus de notre tête, qu'il m'explique pourquoi c'est lui, parmi nous, qu'il a choisi de rappeler.

Jules.

Il avait tout.

Le talent, le charisme, la gentillesse. Je ne le dis pas pour être politiquement correct, et je regrette d'ailleurs l'appropriation qu'en a fait Ferrari, pleurant sa star montante à tout-va, alors que le matin même de l'accident, mon camarade français venait d'apprendre qu'il rempilerait chez Marussia pour l'année suivante, en fond de grille.

Jules était solaire.

Jules était un pote.

Non, personne ne mérite ça, c'est certain, mais lui, moins que les autres.

Jusqu'au bout, et aujourd'hui encore, j'entretiendrai des liens avec sa famille. Je n'ose pas imaginer ce que ses parents, son frère et sa sœur ont pu vivre. Là-bas, au Japon, dans une campagne loin de Tokyo, où la communication se résume à quelques mots d'anglais, pour ceux qui ne parlent pas la langue nationale.

Le rapatriement en France.

Et ces neuf mois de coma.

Neuf mois de faux espoirs et de désespérance.

Je n'irai pas le voir à l'hôpital.

Ce n'est pas une question de lâcheté. Pour moi, Jules était déjà parti. Nous savions que les lésions étaient trop graves. Je préférais garder de lui l'image d'un pilote formidable ; d'un homme formidable. Je lui écrirai, en revanche, et transmettrai le courrier à Philippe, son papa, pour qu'il le lui lise au cours de ses semaines alitées. Peut-être, quelque part, mon pote m'a-t-il entendu ? Je ne sais pas. Ce que je sais, en revanche, c'est qu'il changera à jamais ma vision de la course automobile, bien avant qu'il ne me sauve la vie, à Bahreïn. Car ça, jamais je n'aurais pu l'imaginer ! Comme je n'aurais pas imaginé, longtemps après, le silence des dix-neuf autres pilotes l'hiver qui suivit mon accident. Aucun ne prendra de mes nouvelles. Ah... Elle n'est pas toujours très élégante, la grande famille du sport automobile ! Ainsi, certains manqueront à l'appel des obsèques de celui qui fut l'un des nôtres. Par souci de solidarité, je les excuserai, invoquant tour à tour l'époque ou la société, qui nous imposent l'oubli, aussi cruel soit-il. Ce n'est que plus tard, une fois exfiltré du paddock exigu de la discipline reine, que je réaliserai mon erreur. Cette foutue notion de risque morbide... C'est elle qui divise et déshumanise les rapports entre les pilotes de F1, alors qu'elle nourrit, étrangement, ceux qui se tissent en Indycar. Outre-Atlantique, je découvrirai une autre fraternité qui aurait sans doute plu à Jules. De manière inexpliquable, le poids de la fatalité ne se porte pas de la même façon de part et d'autre de l'océan, et il me semble plus léger à des milliers de kilomètres de mes origines.

En attendant, en ce maudit mois d'octobre 2014, je prends brutalement conscience de notre fragilité. Pour la première fois, lorsque je monte dans ma voiture le vendredi matin du Grand Prix de Russie, cinq jours après la tragédie de Jules, je sens bien que notre tête est exposée à tous les dangers sur le circuit. Je n'y avais jamais songé auparavant, même après l'accident de Felipe Massa en Hongrie en 2009, lorsque son casque avait été percuté par un ressort qui lui avait ouvert une partie de l'arcade sourcilière.

J'ai toujours dit que j'arrêterai le jour où j'aurais peur. Je n'ai pas eu peur, et je n'ai pas changé ma façon de piloter après le drame, mais je sais désormais que tout peut arriver, et que les circonstances, les aléas, le moindre détail peuvent décider de notre destin bien plus que notre talent.

Jules mourra le 17 juillet de l'année suivante.

Le 17. Son numéro de course.

Tout le reste de ma carrière, et aujourd'hui encore, mon casque en sera frappé ; le tristement célèbre *#jb17* est un hommage à mon collègue, mon adversaire, mon compatriote. Il n'y a pas une course qui, quelque part, ne lui soit dédiée.

Il faut comprendre que le casque est l'identité même de tout pilote. C'est dire son importance. Il nous protège et nous définit. Nous prenons donc un soin très particulier à choisir, plusieurs fois dans l'année, son design, ses couleurs, le moindre de ses motifs. Depuis lors, le mien arborera l'inscription, quels que soient mes changements d'équipe, de codes ou de graphisme, comme s'il restait marqué au fer rouge. Adrien Paviot, mon designer et ami, y veillera.

J'étais préparé au pire, bien sûr, même si une part de moi refusait de l'accepter. J'avais eu Philippe Bianchi quelques jours auparavant.

En ce tragique 21 juillet 2015, je porterai le cercueil de son fils aux côtés de Felipe Massa, Sebastian Vettel ou Jean-Éric Vergne, entre autres. Marion m'accompagnera avec Simon dans un porte-bébé, dissimulé sous un châle pour le mettre à l'abri des photographes : il a à peine deux mois. Si je ne suis pas allé voir mon pote à l'hôpital, je tiendrai à me rendre, quelques années plus tard, au cimetière de Monaco, où il repose. Non loin du père de Jenson Button. Il a vu sur la mer, lui, l'enfant de Brignoles.

La mort de Jules marquera un tournant décisif dans l'histoire du sport automobile, puisqu'à partir de son accident germera la conception du halo : l'arceau métallique venant protéger la tête des pilotes dans les habitacles ouverts. Un dispositif de sécurité rendu obligatoire en F1 en 2018 et dont je serai le plus farouche opposant ! Un dispositif de sécurité qui me sauvera la vie, le 29 novembre 2020.

Je me souviens m'être tellement emporté contre son entrée en vigueur… Combien de fois ai-je crié au scandale parce que le halo dénaturait les monoplaces ? Je vous l'ai dit, je n'ai jamais eu peur, et je n'avais de cesse d'apostropher mes camarades, à l'époque, les accusant de ne pas avoir choisi le bon métier, s'ils craignaient pour leur vie.

Quel imbécile j'ai été.

2014.

Année noire, j'y reviens tristement.

Avant Jules, j'avais eu le malheur de perdre mon témoin de mariage et ancien accompagnateur, Jean-Pierre Frizon, décédé à l'été d'une brutale crise cardiaque. Moi qui ne crois en aucun adage et qui aime faire mentir les statistiques... Vous connaissez cette satanée expression, « jamais deux sans trois » ? Elle se transformera en funeste vérité, car la tragédie frappera de nouveau, quinze jours après l'accident de Jules.

Marion et moi sommes en Angleterre. Sacha, fiévreux, nous fait subir des nuits épouvantables. Au petit matin, je dis à ma femme :

— Ça ne sert à rien qu'on soit réveillés tous les deux. Dors. Je prends Sachou et vais faire un tour en voiture avec lui. Il n'y a que ça qui le calme.

J'habille mon fils et sors sans faire de bruit de notre demeure de Beaconsfield. À l'extérieur, j'allume par réflexe mon téléphone portable. Il vibre ; j'ai un message. Qui donc a tenté de me joindre alors qu'il fait encore nuit noire ? Gilles Buannic, en charge du partenariat de Total en F1. C'est lui qui me l'annonce. Christophe De Margerie est mort la veille, le 20 octobre. Tué dans un accident d'avion, au décollage de Moscou. Je ne peux pas y croire. Je rentre immédiatement dans la maison et réveille Marion. Je suis effondré.

Il n'y a pas de lien de cause à effet, mais l'hiver qui suivit aura été celui des douleurs physiques, en plus des douleurs émotionnelles. J'ai deux hernies. Un disque, entre des vertèbres, particulièrement endommagé. Je dois apprendre à vivre avec, sans m'assommer de cachets. Les blessures au dos sont communes à tous les pilotes, mais certaines crises sont plus cinglantes que d'autres, et je me souviens encore de celles de 2014, qui me faisaient me plier en deux à même le sol parfois, sur le carrelage de la cuisine. J'en pleurais sans rien y pouvoir faire. Comme je n'ai rien pu faire pour ceux qui m'étaient chers. L'impuissance face au destin est un mal insoutenable.

La mort de Christophe et Jean-Pierre, le coma de Jules... Les drames ne nous ont pas épargnés, mais nous pansons nos chagrins, avec la petite famille que nous nous composons. La vie doit être plus forte que la mort. Marion attend notre deuxième enfant, et nous nous envolons ensemble au mois de décembre pour la Race of Champions, dans les Caraïbes. Je ne parviens pas à conserver mon titre, acquis deux ans plus tôt, mais c'est très anecdotique, voire obsène, de le mentionner ici. Nous sommes encore bouleversés, et je réfléchis à une vie différente. Je me sens investi d'une mission : protéger les miens, être heureux avec eux, puisque d'autres en ont été empêchés. Il y aura des changements, prochainement...

Marion

Nous nous reconstruisons, peu à peu, après l'accident de Jules, la mort de Jean-Pierre et Christophe. Je suis déjà enceinte de Simon. La vie bout à l'intérieur de moi.

En mars 2015, une semaine avant le départ de Romain pour le premier Grand Prix de la saison en Australie, je me rends à Paris pour un tournage de deux jours, le laissant en tête à tête avec son fils dans notre résidence britannique. Le matin même, comme prévu, il le dépose à la crèche avant de filer à Enstone, à quarante-cinq minutes de voiture ; il doit y passer la journée pour convenir des derniers ajustements dans le simulateur avant le voyage en Océanie.

Hélas, à peine franchit-il les portes de l'usine qu'il reçoit un appel de la responsable de la crèche.

— Mister Grosjean, il faut venir chercher votre bébé. Nous pensons qu'il couve un début de varicelle.

Aïe. Au Royaume-Uni, il est courant pour les parents d'organiser des *chicken pox parties* ; des « fêtes de la varicelle », traduirait-on joyeusement ! Leur but est retors, mais pas dénué d'intérêt, puisqu'il s'agit de provoquer volontairement une épidémie, pour débarrasser les enfants d'une maladie rendue plus sévère à l'âge adulte.

Enfin… Aussi tentant que cela puisse paraître, hors de question de laisser Sacha dans un environnement public, vous vous en doutez !

Romain ne montera donc jamais dans le simulateur avant l'ouverture de la saison. Il fera demi-tour pour récupérer son fils, même si sa préparation doit en pâtir. Nous n'avons aucune famille suffisamment proche pour s'occuper de notre bébé, et je suis déjà arrivée de l'autre côté de la Manche.

À mon atterrissage à Paris, d'ailleurs, je prends connaissance des nombreux appels en absence, ainsi que du message lapidaire de mon mari : « Rappelle-moi ! »

J'obtempère dans la seconde ; l'avion roule encore sur le tarmac.

— Que se passe-t-il ? demandé-je, affolée.

— Sacha a la varicelle, il ne peut pas rester à la crèche. Et moi, ma journée au simu est foutue... C'est la grosse galère.

Merde.

J'hésite, avant de reprendre :

— Bon... Euh... Bon courage ?

Je crois bien me racler la gorge. L'anecdote fait rire, mais tous les parents compatiront !

Romain gérera seul les premières heures d'éruption cutanée, avant que je ne rentre pour découvrir le spectacle bourgeonnant de mon petit bonhomme de sept mois.

Plusieurs semaines plus tard, sans lien de cause à effet, nous quitterons définitivement l'Angleterre et son heure de décalage horaire très encombrante pour mes allers-retours professionnels. Simon ne connaîtra pas Beaconsfield ; j'accoucherai à Paris, comme pour Sacha. Romain, en pilote aguerri, n'a plus autant besoin de se rendre à l'usine entre les courses. Grâce à son fils, il a même prouvé qu'il pouvait être dispensé de simulateur sans subir de répercussions en piste ! Nous louons alors une maison proche de Genève, pour partager notre temps entre la Suisse et la France, et déterminer ce qui conviendra le mieux à notre famille. L'éternel débat entre les deux jeunes parents Grosjean :

la nature helvétique, ou la culture urbaine parisienne ? Les enfants auront la chance de bénéficier du meilleur des deux mondes.

Sacha grandit vite, et bien. La mère louve que je suis éprouve de plus en plus de difficultés à partir en déplacement lointain. Je couvrirai encore, en novembre 2014, le salon automobile de Los Angeles pour *Automoto*, mais je le vis autant comme une souffrance que comme un enrichissement ! J'ai honte de l'écrire ; pourtant, je culpabilise d'« abandonner » mon fils dès que je m'absente. Heureusement, je suis enceinte de Simon, et mon deuxième enfant viendra bientôt équilibrer notre famille. Tant qu'ils seront ensemble et unis, mes petits seront invincibles. Un ami me dira d'ailleurs, à la naissance de notre deuxième : « Offrir un petit frère à Sacha est le plus beau cadeau que vous puissiez lui faire. »

Il ignorait à quel point ses mots sonneront juste. L'histoire de la fratrie des Grosjean est en marche, et mon bonheur croît chaque jour un peu plus.

9

Émancipation

Romain

2015.

J'attendais tellement le renouveau ! Enfin, ma Lotus va être dotée du moteur Mercedes, en lieu et place du Renault ; de quoi nourrir beaucoup d'espoirs. Et effectivement, la monoplace sera bien plus performante que la précédente, même si, ironie du sort, ma saison commence à Melbourne par un abandon dès le deuxième tour suite à une perte de puissance... du moteur ! Je sais pourtant que ça ira mieux. Je signerai le neuvième temps en qualification et participerai plus fréquemment à la Q3, synonyme de top 10 sur la grille de départ.

Ah... Les qualifications ! Au fil des années, elles sont devenues de plus en plus décisives en F1, car les dépassements se sont faits plus périlleux en course, malheureusement. Si ça ne tenait qu'à moi, je les dépouillerais de leur complexité ; le format, à mon sens, ne valorise pas suffisamment la technicité des pilotes. Pourquoi ne pas organiser une séance sur une heure, où aucun aurait droit à l'erreur ? Un seul tour chrono par pilote, avec un ordre de sortie des stands déterminé par le classement du championnat. Qu'en dites-vous ? Le leader serait le premier à s'élancer, au moment où la piste est la moins rapide, car la plus sale. La météo jouerait peut-être un rôle crucial certains week-ends, mais à la régulière, le principe permettrait d'être plus égalitaire. À la lumière de la saison 2021, en tout cas, les instances dirigeantes ne me donnent pas complètement tort, puisqu'elles testent quelques nouveautés !

En attendant, dans la réalité de 2015, je me plie au jeu des éliminés, comme les autres, et ça me réussit plutôt bien. En début de saison, en Chine, à la faveur d'une belle huitième place sur la grille, je rallie l'arrivée au septième rang. Ce sont mes premiers points depuis le Grand Prix de Monaco 2014, presqu'un an plus tôt. Une éternité ! Je respire.

À notre retour en Europe, au printemps, je mûris notre départ d'Angleterre. Je n'ai plus besoin de vivre près d'Enstone, j'ai déjà prouvé à l'équipe mon engagement total, et pour être honnête, la rugosité de la météo anglaise ne m'aide pas à m'épanouir. J'adore la campagne, mais me languis des montagnes et de la lumière sur le lac Léman. Nous gardons toujours le pied-à-terre parisien, acquis en 2010, mais le foyer principal se construira près de Genève. La décision est le fruit d'une longue réflexion avec Marion, et elle découle d'un constat brut : je travaille beaucoup moins dans le simulateur de l'usine depuis que j'en ai compris ses lacunes ! Les résultats en soufflerie ne sont pas cohérents avec la réalité, et par ricochet, la corrélation entre le virtuel et la piste n'est pas satisfaisante. J'ai l'impression d'y gaspiller mon temps, et mon énergie.

Le samedi qui précède le Grand Prix de Monaco, c'est à Paris que j'assiste ma femme pour la naissance de Simon. Je ne l'aurais manquée pour rien au monde. En interview et en privé, on continue de m'interroger sur la paternité. On a souvent imaginé que j'étais plus absent que la moyenne, mais c'est faux. Au contraire ! Quand je suis en déplacement, il est certain que je ne peux pas lire l'histoire du soir ni participer aux discussions du petit déjeuner ! Mais entre les courses, quel autre papa a le luxe de pouvoir emmener ses enfants à l'école, puis d'aller les chercher à 15 h 30 ? Lorsque les Grands Prix ont lieu en Europe, une semaine sur deux, je ne me déplace que du mercredi midi au dimanche soir. Le reste du temps, je suis là.

En dépit de la responsabilité inhérente à la fonction, devenir parent n'a pas changé le pilote que je suis. Elle m'a simplement permis de relativiser mes problèmes quotidiens, comme tous les hommes. Même si… ça ne m'empêche pas de m'énerver en piste, comme avant !

Huit jours après la naissance de Simon, le tout jeune Max Verstappen m'envoie finir le Grand Prix de Monaco en tête-à-queue, entre les rails. Malgré sa pénalité de cinq places sur la grille de la prochaine course et trois points de retrait sur son permis, il refusera d'admettre sa responsabilité dans l'affaire. J'enrage sur l'instant, mais personne ne lui en tiendra rigueur. Moi non plus ! Je sais trop ce que c'est, d'être intrépide et présomptueux ! Cette année-là, d'ailleurs, le Néerlandais sera élu « meilleur *rookie* » lors de la remise des prix de la FIA. La récompense est amplement méritée, même si ses dix-sept ans créeront un précédent paradoxal : au terme de la saison, la fédération décidera d'interdire la super licence aux pilotes mineurs, estimant qu'un âge minimal requis est obligatoire pour piloter une Formule 1. Amusant de la voir à la fois encenser Max et bannir le reste de sa génération…

Ainsi, si je ne lui en veux pas de ne pas reconnaître ses erreurs, je regrette les différences de traitement selon les personnalités. Trois ans plus tard, je serai lynché sur la place publique lorsque je m'opposerai à la direction de course après une passe d'armes musclée avec Esteban Ocon au Grand Prix de France. Le regretté Charlie Whiting n'hésitera pas à convoquer la presse pour expliquer en quoi j'avais tort de m'en défendre, vidéos à l'appui. Hélas, l'histoire ne dit pas qu'il omit volontairement de diffuser la caméra embarquée sur ma voiture, parmi ces flots de vidéos. Une caméra embarquée qui montrait bien que je n'avais pas tourné le volant sur Esté !

Max, lui, s'était insurgé à l'époque avec bien plus de virulence que moi, sans que personne n'organise de conférence de presse pour pointer du doigt ses fautes. CQFD...

2015 sera source de frustrations parfois, comme en Autriche lorsque j'abandonne, boîte de vitesses cassée, ou en Angleterre, lorsque je touche Pastor, mon équipier, suite à un freinage tardif de Daniel Ricciardo au départ. Heureusement, la saison sera aussi source de grande satisfaction, notamment en Belgique, dans un contexte pourtant particulièrement anxiogène. Ce n'est pas un secret : Lotus est en proie à de grosses difficultés financières, et le jeudi qui précède le Grand Prix, les voitures sont placées sous le contrôle de deux huissiers de justice. L'équipe n'a pas payé certains fournisseurs ; une procédure juridique est en cours. En manque de pièces de rechange, je roule lors des premiers essais du vendredi matin avec la boîte de vitesses prévue pour la course. Celle-ci rend l'âme en cours de séance, et je sais d'ores et déjà que sa substitution entraîne une pénalité de cinq places sur la grille. Il ne faut pourtant pas s'en plaindre : on nous « autorise » à participer à l'épreuve, malgré les incertitudes qui pèsent sur l'avenir de Lotus... C'est déjà ça !

Étonnamment, au terme de ce week-end morose, je décrocherai mon dixième podium en Formule 1, franchissant à la troisième place le drapeau à damiers. Au moment de la remise de la coupe, Nico Rosberg en plaisantera avec moi :

— Pas mal, mec, avec ta caisse !

Dans le paddock, mes mécaniciens et ingénieurs exultent. Imaginez-les travaillant d'arrache-pied pour aligner au départ une monoplace avec si peu de moyens, et un futur des plus douteux. Même les huissiers semblaient contents pour nous !

Ce sera mon dernier podium. Je l'ignorais, bien sûr, mais le savourai tel quel. Je déclarerai d'ailleurs à la presse qu'il a le goût d'une victoire, celui-ci, tant il a fallu se battre pour l'arracher. Et, aujourd'hui encore, je le garde comme l'un de mes plus précieux souvenirs.

Un mois et six jours plus tard, le 29 septembre, j'annonce officiellement mon intention de rejoindre la future équipe américaine, Haas F1 Team, pour la saison 2016. Une nouvelle venue dans le paddock ! Les États-Unis sont de plus en plus séduits par la F1, et Bernie Ecclestone cédera ses pouvoirs en janvier 2017 à Liberty Media, qui officie outre-Atlantique.

Sur le papier, le projet de Gene Haas, passionné de sport automobile et propriétaire d'une équipe de Nascar, paraît fou, mais pas insensé, puisqu'il s'appuie sur un partenariat technique avec Ferrari. Haas a besoin d'un pilote expérimenté, et moi, je commence à me méfier des vents contraires dans mon équipe, où tout le monde n'a de cesse de me jurer fidélité… Trop d'enjeux financiers pèsent sur l'avenir de Lotus, et j'ai appris de mes erreurs de jugement passées ! Grand bien m'en prit. Je découvrirai plus tard, après mon annonce, que mon éviction était secrètement programmée depuis le printemps 2015 déjà, alors que j'avais encore un contrat valide pour 2016 ! Jolyon Palmer avait signé pour me remplacer, et apporter quelques liasses de billets opportunes. Enfin, j'avais su anticiper ! La F1 est une affaire d'argent, avant d'être une affaire de sport.

En attendant, je tiens à m'investir jusqu'au bout dans cette équipe Lotus qui m'a tant appris. Et c'est bien en voulant donner mon maximum que je perdrai le train arrière de ma monoplace en Russie, à 280 km/h, occasionnant le plus gros crash de ma carrière avant le 29 novembre 2020 ! Les pièces sont vieillissantes sur ma machine, et ne sont pas remplacées, faute de fonds nécessaires. La fiabilité a un prix. Je sors sonné, mais encaisse. J'inscrirai mes sept derniers points pour Lotus lors des trois dernières courses, sur fond de difficultés financières continues. Un soir, dans le cadre du Grand Prix du Brésil, je me souviens notamment ne pas avoir pu accéder à ma chambre d'hôtel car la carte qui me servait de clé était démagnétisée. En me rendant à la réception, j'appris qu'il ne s'agissait pas d'une erreur de l'établissement mais bien d'une sanction volontaire, puisque les chambres n'avaient pas été payées par l'équipe. Imaginez le pilote de F1 sans logement ! Je raconte l'anecdote avec le sourire, mais il n'y avait rien de drôle à savoir que tout le personnel souffrait de la situation.

Ce soir-là, alors que j'ai besoin de partager mes inquiétudes avec Marion, je ne parviens pas à la joindre. Il y a le décalage horaire, bien sûr, mais d'ordinaire, nous arrivons toujours à communiquer. Je sais qu'elle travaille à Paris tout le week-end, et qu'elle s'y trouve donc avec nos deux fils. Nous sommes le vendredi

13 novembre, et je vivrai très mal, à l'autre bout du monde, les attentats de Paris. Savoir ma famille exposée alors que je suis loin et impuissant me bouleverse. Nous installerons définitivement notre foyer en Suisse, où je retrouverai mes repères.

Marion

Nous sommes désormais les heureux parents de deux enfants. Ils sont notre priorité absolue, et bien avant leur naissance, nous savions que l'un de nous deux devrait lever le pied professionnellement pour être présent à leurs côtés. Entre les déplacements de Romain et les miens, il n'était pas possible de laisser nos petits à la garde d'une tierce personne. Ce sera donc moi qui ralentirai mon rythme de travail, et je ne l'ai jamais vécu comme un sacrifice. Bien au contraire ! J'ai aimé mon métier, mais j'ai déjà beaucoup voyagé, beaucoup donné ; je suis prête à me consacrer à d'autres projets, plus personnels. À donner un autre sens à mon existence. Dès l'arrivée de Sacha, je demande un congé parental à TF1. Il durera jusqu'aux trois ans de Camille. Cela me permettra d'organiser nos déménagements, entre la Suisse, la France et l'Angleterre. Nous nous sentons bien partout où nous vivons, tant que nous sommes ensemble. Mais il nous faut un pied-à-terre solide pour inscrire nos petits Franco-Suisses à l'école, pour qu'ils aient des points d'ancrage stables.

La médiatisation de leur père leur joue parfois des tours, et il est difficile de comprendre, à leur âge, qu'elle sort de l'ordinaire.

— Je me suis disputé avec un copain de classe, me dit un jour l'un d'eux.

— Pourquoi ?

— Parce qu'il a raconté qu'il avait vu papa à la télé, mais c'est pas possible. Il est dans ma télé, à moi... Pas dans la sienne !

Autre anecdote, lors d'un retour de vacances, à l'aéroport de Punta Cana. Aussitôt le contrôle de nos passeports effectué, les douaniers nous demandent de les suivre. Ils portent un regard sévère sur notre petite famille, et nous guident sans un mot vers une salle d'interrogatoire lugubre, où ils nous abandonnent avec nos inquiétudes. Qu'a-t-on bien pu faire de mal ? Plusieurs minutes s'écoulent avant qu'ils ne reviennent, encadrant cette fois deux autres touristes, anglais probablement, et tout aussi angoissés que nous. Les policiers s'adressent à eux dans un espagnol rapide et difficile à comprendre. Je traduis quelques mots. Il est question de photo, et d'enfants. Nos enfants, manifestement ! Finalement, après quelques quiproquos, nous réalisons l'enjeu : l'un des deux touristes, dans la file d'attente, a pris des clichés de nous avec son téléphone portable, à notre insu. Les Dominicains ne plaisantent pas avec ça ; ils imaginent sans doute un trafic pédophile, croyant qu'ils s'intéressent de trop près à nos petits blondinets. L'Anglais, confus, balbutie, en pointant Romain du doigt :

— *No… It is all about this man… He is a famous Formula 1 driver! I was so excited to see him! I am sorry…*[1]

Nous en serons quittes pour des selfies avec les touristes et les douaniers, sans en mener large, croyez-moi !

Combien de déplacements avons-nous fait avec les enfants ? Ou, devrais-je dire : combien en ai-je fait, seule avec eux, pour rejoindre leur père ? Souvent, dans les avions, les passagers et personnels de bord se sont précipités pour assister une jeune maman avec des petits de quatre et deux ans de chaque côté, un nourrisson en porte-bébé, et parfois même un chat !

Bien sûr, je suis une privilégiée. En 2015, Romain, passionné par tous types d'engins à moteur, s'associe avec François Bogillot, l'un des meilleurs spécialistes en la matière, pour créer une compagnie de brokers en aviation privée : Excell'Jets. Grâce à elle, je voyagerai souvent dans des conditions de luxe, me facilitant grandement l'existence, il faut le reconnaître.

Je me souviens, entre autres, d'un atterrissage à l'aéroport du Bourget, avec mes trois petits. Je tenais chacun de mes garçons dans une main, un énorme sac à dos contenant toutes nos affaires, tandis que Camille

1. Non… C'est juste à propos de cet homme… C'est un pilote de Formule 1 très connu ! J'étais tellement content de le voir ! Je suis désolé…

était accrochée à mon sein. Sur le tarmac, je croise alors l'équipe de France de football, en partance pour un match international. Didier Deschamps s'arrête ; nous nous connaissons pour avoir notamment dîné côte à côte lors d'un gala caritatif.

— Tu es toute seule ? me demande-t-il.

— Oui, Romain travaille.

— Ah ah... Mais manifestement, il y a aussi du boulot à la maison ! me répond-il en éclatant de rire.

Effectivement, vingt-deux mois à peine séparent Sacha et Simon ; et il y en a trente entre Simon et Camille. C'est parfois sportif ! Mais ils grandissent ensemble, particulièrement soudés, et s'entendent à merveille. Nous y veillons.

Souvent, on me demande comment je parviens à gérer les risques du métier de papa, avec les enfants. Avant eux, Romain avait eu un gros accident en GP2 à Monaco, en 2009. Je me rappelle alors avoir eu du mal à m'endormir à ses côtés, le soir même. Nous étions un jeune couple, et je me répétais en boucle : « Tout va bien, il respire. Tout va bien. »

Nous ne vivions que de notre fusion, comme tous les amoureux débutants.

Puis, lorsque Sacha a pointé le bout de son nez, j'ai rapidement pensé : *S'il arrive quelque chose à Romain, désormais je n'aurais pas le choix, il me faudra rester debout, pour notre fils.* Vous connaissez l'histoire de ces mères subitement capables de soulever une voiture de plusieurs tonnes pour dégager leur enfant coincé dessous ? Je pensais en faire partie.

Aujourd'hui, je reconnais que c'est tout de même plus compliqué. Mes bébés grandissent, et au-delà de mes propres angoisses, je dois être capable de porter les leurs. Inutile, cependant, de m'attarder sur le sujet ; toutes mes certitudes de mère exemplaire voleront bientôt en éclats, sans que j'y sois préparée…

10

Le rêve américain

Romain

Quatre ans après mon retour en F1, je débarque à Melbourne en combinaison Haas avec la même motivation, la même envie, le même enthousiasme qu'à mes débuts. L'équipe est nouvelle, cosmopolite, mais certains visages me sont familiers. Pas étonnant ! En quittant Lotus, j'ai embarqué dans l'aventure quelques proches collaborateurs qui souhaitaient me suivre : Ayao Komatsu, Dominic Haines, Gavin Anderson ; autant d'ingénieurs brillants avec lesquels je travaille en totale confiance, et qui m'ont demandé de faire passer leur CV.

J'évoquais mon retour en 2012... À l'époque, j'avais créé l'événement en me hissant à la troisième place sur la grille du premier Grand Prix de la saison. En 2016, l'effet de surprise est bien plus fort encore, lorsque je rallie l'arrivée au sixième rang avec ma monoplace flambant neuve !

Certes, ce résultat historique est acquis à la faveur d'un drapeau rouge et d'un changement de pneus à bon escient, mais il est conquis à la régulière et nous n'avons pas à en rougir.

À la radio, je me souviens hurler à mes ingénieurs que nous sommes en train d'écrire une page de la F1.

— *Listen, guys. This is a win for us. This is history! Welcome to Formula 1, Gene*[1]*!*

Oui, c'est un concours de circonstances ; oui, il s'agit d'un aléa chanceux. Mais nous flottons sur un nuage, et porté par le charme des débuts de saison, j'inscris de nouveaux points à Bahreïn une semaine plus tard, ce qui me vaudra d'être élu « pilote du jour » à deux reprises consécutives par les internautes. Je goûte au fameux rêve américain !

Malheureusement, même les plus grosses productions hollywoodiennes connaissent des ratés ! Le jour de mes trente ans, lors du Grand Prix de Chine, je m'accroche avec Marcus Ericsson au premier tour. La Haas ne pouvait pas faire illusion à chaque course, je savais que son potentiel était limité, et son évolution laborieuse. Qu'il m'était difficile d'accepter de retomber dans les profondeurs du classement, après tant de promesses…

1. Écoutez-moi, les gars... C'est une victoire pour nous. C'est historique ! Bienvenue en Formule 1, Gene !

Pour ne rien arranger, les ennuis mécaniques ne vont pas non plus nous épargner : l'aileron avant se brise seul au Canada. En Angleterre, c'est la transmission. Puis les freins, toujours les freins, en Espagne, en Allemagne, en Malaisie ou encore à Singapour, où je ne parviendrai même pas à prendre le départ ! En Italie, je dois changer de boîte de vitesses et être pénalisé sur la grille ; au Mexique, j'irai jusqu'à changer de fond-plat, et m'élancerai depuis la voie des stands.

Ainsi s'est déroulée la saison 2016, de modestes succès en grandes frustrations. J'offre le point de la dixième place à l'équipe à domicile, lors du Grand Prix des États-Unis, qui se trouve être mon centième en Formule 1. J'ai du mal à le réaliser ! Il faut m'y faire : je ne suis plus un jeune pilote débutant.

Ça ne m'empêche pas de commettre encore des erreurs. Ma fougue me joue des tours au Brésil, lors de la mise en grille ; je glisse sur une rigole et percute le mur après m'être qualifié septième. Je me sens humilié. Dans ma carrière, je serai certainement autant passé de zéro à héros que de héros à zéro ! Un ascenseur émotionnel qui me permettra, je crois, de ne jamais prendre « la grosse tête » lors de ces années sous les feux médiatiques. Je garderai les mêmes amis, les mêmes habitudes, la même femme !

Au cours de ma première année avec Haas F1 Team, je travaillerai avec Esteban Gutierrez comme équipier, avant qu'il ne soit remplacé par Kevin

Magnussen, en 2017. Kevin est le meilleur binôme que j'aurai en F1 ; meilleur, même, que Fernando Alonso. Il était le plus investi. Celui avec lequel j'ai le plus partagé aussi, puisque c'est celui avec lequel j'ai le plus longtemps collaboré ! Il me fait rire et me surprend. Je garde en mémoire sa réflexion particulièrement élégante face à Nico Hulkenberg, en direct à la télévision dans le carré des interviews, lorsque l'Allemand vint l'apostropher pour critiquer une manœuvre osée après la course :

— *Suck my balls, honey!*

Il a le mérite d'être sans filtre, et me reviennent alors les premiers mots que j'ai échangés avec Kimi Raïkkönen, quelques années plus tôt, chez Lotus. Nous ne nous connaissions pas, mais savions que nous allions devoir nous accommoder l'un de l'autre pour la saison 2012. Kimi m'avait salué de la tête à notre première rencontre avant de me glisser furtivement :

— *No bullshit.*

Le message était limpide : pas de crasse entre nous. Kimi n'était pas loquace, mais il a toujours été très transparent, lorsque nous étions coéquipiers. Je lui reconnais même l'honnêteté de m'avoir dévoilé son salaire et les détails de son contrat sur ma demande, avant qu'il ne quitte Lotus, pour pouvoir négocier au mieux, de mon côté, ma reconduction. Au final, c'est la paternité, bien plus tard, qui nous rapprochera et nous permettra de partager d'autres discussions plus profondes. Elle l'aura réellement transformé !

Pour en revenir à Kevin Magnussen, lui et moi

venons d'écoles de pilotage très différentes. Il adore qu'une monoplace sous-vire, qu'elle ait plus de train arrière ; je préfère qu'elle survire, avec plus de train avant. Techniquement, j'étais beaucoup plus proche de Kimi, mais nous sommes au moins complémentaires. Quant à Fernando… Pour ceux que cela intéresse, il s'est toujours adapté à tout ! C'était sa force.

En 2017, la voiture est mauvaise ; pas assez rapide. Malgré ma sixième place sur la grille australienne et en course (jusqu'à la casse de mon turbo), je le sais d'instinct, l'année va être longue.

Au soir du Grand Prix de Russie, je rentre à la maison, harassé et défait, après un accrochage avec Jolyon Palmer dès le départ de la course. Tard, dans notre chambre, Marion m'annonce qu'elle est enceinte. Camille viendra compléter notre famille au dernier jour de l'année 2017, comme pour effacer toutes les déceptions que j'ai pu emmagasiner.

Ma si jolie petite fille.

En attendant son arrivée dans notre foyer, il faut bien que je compose avec cette monoplace récalcitrante, et la malchance qui pèse sur moi ! En Malaisie lors des essais libres le vendredi après-midi, je roule sur une plaque d'égout descellée, sur un vibreur, à plus de 250 km/h. Je n'ai pas le temps de comprendre ce qui vient de se produire et pense que c'est le pneu qui a explosé, lorsque je suis projeté en tête-à-queue, pulvérisant la voiture dans les barrières. Par chance, je m'en sors indemne.

La chance. Encore et toujours elle.

Le reste de la saison sera maussade, et dénué d'intérêt.

Marion

Les années peuvent être difficiles, elles se termineront toujours par la plus douce des célébrations. À la première heure du dernier jour de 2017, Camille vient au monde. Notre famille est complète. Le rêve de ma vie s'est réalisé, j'ai trois enfants de l'homme que j'aime.

Comme chaque hiver, j'observe Romain s'entraîner pour être le plus affûté possible à la reprise du championnat. Les espoirs de rouler dans une monoplace performante sont minces, et je connais trop le milieu pour croire aux miracles. Je l'accompagne de moins en moins sur les circuits. Pas par manque de soutien, mais par déception du milieu. Bien sûr, il s'y trouve des gens que j'apprécie énormément, notamment parmi les journalistes. Mais... j'ai tout le loisir de les voir ailleurs que dans un paddock. Je ne me déplace plus que quand je sens le moral de Romain flancher. Je préfère être celle qui réconforte dans les mauvais moments ; il y a toujours suffisamment de gens « bien intentionnés » pour partager les bons ! Combien se sont battus pour s'attirer les faveurs du pilote, puis s'en sont éloignés lorsque la lumière s'était éteinte ?

Au fond de moi, je commence à déplorer la mise en scène qui cache les aspirations financières de chacun.

La notion de « performance » est vite galvaudée dans le milieu. Les valeurs sportives ne reposent-elles par sur une égalité des athlètes ? J'aime toujours autant la F1, mais ses règles du jeu me dérangent car elles bafouent la nature intrinsèque de l'exercice. Elles phagocytent également l'énergie de Romain, pour des récompenses trop maigres qui ne justifient pas toujours les efforts fournis. J'aspire à d'autres projets familiaux, et heureusement, mes envies trouvent un écho dans le cœur de mon mari.

L'arrivée de Camille nous poussera deux fois plus encore à nous impliquer dans des associations caritatives. En septembre 2019, Romain est à Singapour lorsqu'il apprend, sur les réseaux sociaux, que des voiturettes électriques destinées aux enfants de l'hôpital du Mans ont été volées. Il m'envoie aussitôt un message :

Trouve le contact de l'association qui gère ça pour que l'on puisse en racheter pour les remplacer.

Il deviendra, dans la foulée, le parrain de Hopilote, qui distribue ces voiturettes conduites par les enfants dans les couloirs avant le bloc opératoire. Une très jolie entreprise en lien avec son métier, et ses ambitions. Sous son impulsion, Hopilote se développe sur l'ensemble du territoire français et dans les pays francophones. Je me permets de le mentionner, au cas où vous seriez tenté d'en savoir plus ! La page internet de l'association est accessible à tous…

Cette initiative n'est pas la première, et nous essayons d'apporter notre contribution autant que possible, à notre échelle. Depuis 2008, je suis ambassadrice de Make-A-Wish France, aux côtés de Tony Parker, et Romain s'est engagé avec Enfance & cancer. Nous nous rendons également souvent à l'Hostellerie des gorges de Pennafort pour le dîner « La Toque et les Sportifs » grâce au musicien et chanteur Michael Jones. Nous y côtoierons des personnalités incroyables : la regrettée Camille Muffat, mais aussi Marion Bartoli, Bernard Laporte, Didier Deschamps, Ludovic Giuly, Pascal Olmeta et j'en passe.

L'idée germe alors dans la tête de Romain. En septembre 2015, il décide d'organiser un grand gala au profit de son association franco-suisse.

— Folie, lui dis-je, enceinte de Simon. Tu n'auras pas le temps de t'en occuper, en plein championnat, et moi, j'aurai un nourrisson à allaiter prochainement.

Que n'avais-je pas formulé ?

Évidemment, puisque le défi paraissait impossible, il fallait bien que Romain le relève ! Il le fit haut la main. Bien sûr, l'organisation nécessite un engagement important et génère du stress. Il faut trouver des partenaires, des sponsors, un lieu, un chef pour le menu, des cadeaux pour lever des fonds dans une vente aux enchères. Il faut aussi trier les invités sur le volet, pour qu'il y ait suffisamment de personnalités afin de médiatiser l'événement (et récolter plus d'argent) mais aussi suffisamment d'humains susceptibles de dépenser pour soutenir une bonne cause ! Certains se révèlent : Éric

Jean-Jean, l'immense journaliste de RTL, animera bénévolement la soirée avec la maestria qu'on lui connaît. Grâce à son carnet d'adresses, quelques artistes donneront de leur personne, et de leur portefeuille, avec une générosité discrète et touchante : Bruno Nicolini (Benabar), Patrick Fiori, les Brigitte, entre autres. S'impliqueront aussi le célèbre photographe Mathieu César, la brillante joaillière Valérie Messika ou encore le footballeur parisien Blaise Matuidi.

Le gala sera un immense succès. Je jubile, énamourée. Je regarde Romain sur scène, prendre la parole devant ce parterre d'invités, improviser un discours… Lui qui a tant souffert de sa timidité ! Je suis si fière de cet homme, qui se tient debout, se bat pour ses engagements… Il me remercie ouvertement d'être à ses côtés, malgré les nuits blanches engendrées par Simon. Il évoque mon soutien, mon amour. Je réalise alors qu'il avait raison, et que j'avais tort de rechigner à monter ce projet. Moi qui suis plus têtue qu'une mule… Croyez bien qu'il doit rire en lisant mes lignes. Je ne reconnais JAMAIS qu'il a raison, même sous la torture ! Enfin… C'est bien la vérité. En dépit de la fatigue de notre nouveau-né et de son championnat, il a réussi cet incroyable pari et les bénéfices vont au-delà de nos espérances. Plus tard, dans la soirée, Marco Prince viendra gentiment me voir pour me féliciter, et me glisser :

— L'amour que Romain te porte est vraiment beau. C'est une sacrée responsabilité aussi, non ?

C'est dire l'élégance et l'intelligence de Marco Prince.

C'est aussi dire la chance qui est la mienne.

Je repense à nos débuts. Notre différence d'âge. Nos origines. Nos aspirations. Tout indiquait que rien était possible. Mais... pour Romain, à l'impossible nul n'est tenu. Même quand il s'agit de s'extraire d'une voiture en flammes !

La chance. Un écho évident au récit de mon mari.

Elle n'est pas mesurable, mais je la savoure chaque jour. C'est mièvre, j'en ai conscience. Pourtant, je me suis battue pour ce que je voulais, et je ne peux pas en avoir honte. L'engagement est une valeur qui nous liera toujours étroitement, Romain et moi.

11

Espoirs déchus

Romain

En 2018, la F1 a beau devenir de plus en plus américaine avec Liberty Media, l'ouverture sur les réseaux sociaux (formellement interdite par Bernie jusque-là !) ou encore Netflix, qui nous transforme en vedettes de téléréalité, elle se fait aussi de plus en plus cruelle avec Haas, la seule représentante de la bannière étoilée.

Sur le papier, la modernisation du sport, métamorphosé en « show à l'américaine » est plutôt bénéfique : avec la série *Drive to Survive*, le grand public découvre ce qu'est notre métier, et les pilotes gagnent en respect. Même si la réalité est parfois truquée ! Au risque de décevoir certains d'entre vous, je dois vous annoncer que les épisodes sont montés selon ce qui arrange au mieux les producteurs, pour susciter, évidemment, un maximum d'intérêt. Tant pis s'il faut scénariser les événements !

Un exemple au Grand Prix de France : lors d'un dîner d'équipe auquel je brille par mon absence, Günther Steiner justifie celle-ci en plaisantant, invoquant une punition de sa part suite à mes bêtises lors des qualifications du samedi. Or ce dîner a lieu bien en amont, le mercredi ! Je n'avais pas pu y prendre part, non pas parce que je n'y étais pas convié, mais parce que j'avais décalé mon voyage au Castellet. En cause : le spectacle de fin d'année à l'école de mes enfants. Excuse imparable, mais beaucoup moins passionnante pour le grand public, vous en conviendrez. Et, pour ceux qui doutent encore de l'ordre chronologique des événements, d'ailleurs, pensez-vous vraiment que les mécaniciens aient le temps de se prêter à un dîner collégial entre les qualifications et la course ?

Ce sont des détails, bien sûr, mais ils caricaturent chacun d'entre nous et contribuent à fausser les rapports humains au sein de la prestigieuse et désormais très hollywoodienne F1. Chez Haas, nous campons des rôles pour masquer la triste vérité : Gene se désintéresse au fur et à mesure de cette discipline qui joue le jeu des gros constructeurs, et nous en pâtissons en piste. Dès le début de l'année 2018, je comprends que nous n'irons nulle part. Rien ne change au sein de l'équipe, les problèmes se suivent, se ressemblent et démotivent même les plus ambitieux d'entre nous. En Australie, j'abandonne à cause d'une roue avant-gauche mal serrée. Et l'histoire se répétera l'année suivante ! Imaginez traverser le monde, vingt-trois heures de voyage et dix heures de décalage horaire plus tard, pour ne pas rallier l'arrivée à cause d'une même négligence commise deux saisons consécutives…

En Azerbaïdjan, je ne participerai pas aux qualifications, la faute à une panne hydraulique. L'erreur en course sera mienne : en appuyant sur un bouton du volant, je bloquerai les roues arrière et abîmerai la voiture.

Au départ du Grand Prix d'Espagne, Kevin est à la dérive devant moi. Complètement déventé, je glisse en tête-à-queue et reviens en piste comme je le peux. Je serai tenu responsable du carambolage qui s'ensuivit et prendrai trois places de pénalité sur la grille de l'épreuve monégasque, quinze jours plus tard. Aujourd'hui, avec le recul, s'il y a une action que je souhaiterais refaire ou effacer dans ma carrière, c'est bien celle-ci. J'en suis vraiment désolé.

Au Canada, c'est le comble pour le « chat noir » des circuits : je percute de plein fouet une marmotte qui traverse la piste sous mes roues lors des essais du vendredi ! Quelle était la probabilité que ça m'arrive ? Qu'elle se trouve sur mon passage, au dixième de seconde près ? Les dommages sont irréversibles pour elle, malheureusement, tuée sur le coup, et colossaux pour ma monoplace. Les mécaniciens chargés de nettoyer les restes de l'animal en vomiront, les pauvres. Le lendemain, le moteur cassera en qualifications.

En France, je n'arrive pas à me dépêtrer de cette spirale négative. Accident en Q3 en qualifs, accrochage avec Esteban Ocon en course. À trop vouloir bien faire, à trop tenter de compenser les failles, je finis par remettre en cause mon propre pilotage. Un mal pour un bien ? Je ne suis jamais aussi bon que dos au mur… Une semaine plus tard, enfin, je décroche à la surprise générale le meilleur résultat de l'histoire de Haas, en terminant le Grand Prix d'Autriche à la quatrième place. Et l'on ne me parle plus de ma fragilité !

Pourtant, je sais que c'est un miracle qui n'augure de rien. Faute de budget, de cerveaux, de compétence, de recrutement au sein de l'équipe. Cela fait trois ans que le département aéro fonctionne mal, voire ne fonctionne pas du tout, mais rien n'évolue, et personne n'engage la moindre décision.

J'essaie alors de trouver le plaisir ailleurs, en m'accomplissant en tant que sportif. En août, je participerai au triathlon de l'Alpe d'Huez. Le seul, à ce jour, mais je compte bien y revenir !

En piste, rien ne va. À Singapour, je prends cinq secondes de pénalité pour non-respect d'un drapeau bleu. Je suis accusé d'avoir ralenti Lewis. OK. Cinq secondes de pénalité et… trois points sur mon permis ! Sérieusement ?

Je rallierai l'arrivée dans le top 10 par la suite au Japon, au Brésil et à Abu Dhabi, lors de la dernière course du championnat. Mais… que ce fut poussif…

Arrive 2019, et avec elle, comme à chaque début d'année, de nouveaux espoirs, même si je ne suis plus aussi naïf. Il faut que je réapprenne à savourer mon métier ; à retrouver une sérénité qui s'est délitée au fur et à mesure des *scenarii* successifs et moroses. Pour la première fois depuis leur naissance, Marion et moi autorisons nos enfants à m'accompagner au *filming day* de l'équipe, au mois de février ; il s'agit de la journée qui précède les premiers tests hivernaux à Barcelone, et au cours de laquelle j'ai le droit d'effectuer quelques kilomètres avec la nouvelle monoplace, à des fins promotionnelles. Sacha et Simon sont comme des fous ! Enfin ! Mes petits hommes vont voir ma voiture, en vrai.

Je dois reconnaître que l'émotion m'a cueilli, ce jour-là. Les voir tourner autour, grimper dedans, imiter « papa »… Puis, prendre le volant sous leurs yeux ébahis fut une source de fierté et de plaisir intenses. Partager ma passion avec eux, même si je ne rêve en aucun cas qu'ils prennent ma succession ! Cela va au-delà des mots.

Pendant que je travaille, ils jouent les petits reporters en herbe avec Marion, dans le paddock espagnol. Ils prendront des photos avec Daniel Ricciardo, s'infiltreront sur le podium, harcèleront Kevin Magnussen jusqu'à ce qu'il accepte de se pencher sur nos téléphones… Il fallait bien que mon équipier admire les vidéos de leurs derniers exploits en ski !

Au final, ils passeront certainement une journée bien plus excitante que la mienne. Car en piste, je comprends vite que la voiture est mal née. Il me suffit de quelques tours pour constater qu'elle ne génère aucun appui sur les roues arrière, et ne promet pas une glorieuse saison.

Pourtant, les qualifications en Australie, pour l'ouverture du championnat, sont étonnamment excellentes : je m'élance sixième ! Melbourne me réussit souvent dans les premiers hectomètres, tant l'impatience hivernale sublime le pilotage. Hélas... Comme je vous l'ai dit, une malédiction frappe ma roue avant gauche, et défie toutes les statistiques. Franchement, qui pouvait prédire que le même problème de fixation allait causer mon abandon, deux années de suite, au même Grand Prix ? Les images me montrant proche de mes mécaniciens pour les consoler feront le tour de la planète. Tout le monde me trouvera *foooormidable* en solide leader d'équipe. Peut-être que d'autres auraient tout cassé dans la structure du motorhome, de rage et de frustration ? Aujourd'hui encore, j'en suis perplexe. J'ai pris l'habitude de me défendre face à la presse, mais là, je refuse de passer pour un super-héros. Soutenir mes gars était le minimum, en réponse à leurs heures de travail fournies dans l'ombre. Nous gagnons et perdons ensemble.

Enfin... le collectif a ses limites, bien sûr ! Je l'apprends en piste à mes dépens. Kevin et moi collaborons, mais restons avant tout adversaires. C'est du moins sa philosophie, et elle se respecte. Dommage que la mienne diffère quelque peu ! Comme nous n'étions pas en lutte pour le titre mondial, je pensais naïvement que nous avancions ensemble pour le bien de l'équipe ; et de ce malentendu entre nous naîtront

D.R.

Mes premières armes, en karting! Ici à Saint-Amand-Montrond, en 2001.

Angerville, 2002.

D.R.

Marion et moi lors de nos premières vacances ensemble, à Chamonix en 2009.

Valencia, août 2009 : dans le garage Renault, avant mon premier GP de F1 !

Mon histoire avec l'équipe DAMS... En 2010, je deviens champion d'Auto GP.

Avec quelques membres « clé », en 2011, je célèbre mon titre
en GP2 Series au restaurant Le Père Claude (Paris, XV).

Entourés par nos témoins de mariage à Megève, le 27 juin 2012. De gauche à droite : Mathias Bèche, Elsa Jollès, Julien Fébreau et Jean-Pierre Frizon.

Première photo de classe en tant que pilote de F1 ! À Melbourne, en 2012.

Marion, toujours à mes côtés, comme ici en 2011 à Monza, pour ma dernière course en GP2.

Félicité par Lewis Hamilton, lors de ma 2ème place au GP du Canada, en 2012.

D.R.

À Austin en 2013, l'acteur et ami Matt LeBlanc
vient m'encourager sur la grille de départ.

Le baiser de Marion, au soir de mon dernier podium en F1, en 2015.

D.R.

Paris, 2015, lors du gala que nous organisons pour Enfance & cancer.
Marion et moi entourés par toutes les personnalités présentes.

Sur scène aux côtés d'Éric Jean-Jean, le maître de cérémonie.

Dans la cuisine du restaurant Louis XV à Monaco, en 2016.
Je partage ma passion pour la gastronomie avec nos meilleurs amis.

Au guidon de ma Harley-Davidson, dont je suis très fier !

Émotion à la naissance de Simon, à Paris, le 16 mai 2015…

Séance de dédicaces avec mes nouvelles
couleurs américaines pour Haas, été 2016.

En vacances en Corse, en 2017, avec mes meilleurs amis :
Adrien Paviot et Antoine Arlot.

Au Mexique, lors de la parade qui précède le GP.
J'ai l'habitude de prendre des selphies pour les envoyer à mes enfants.

D.R.

Réunion de notre bande à l'occasion d'un mariage, avec Adrien Paviot, Julien Fébreau et Antoine Arlot.

Déplacement en jet privé avec Marion et Sacha, grâce à ma compagnie Excell'Jets.

Souvenir exceptionnel avec Zinedine Zidane et Raphaël Ibanez à Bordeaux en 2019 lors d'un match pour l'association Un sourire, un espoir pour la vie.

Ma passion la plus récente : le kitesurf !

D.R.

Avec Petrus, notre chatte accueillie en 2019.

Mes fils, Sacha et Simon, en pyjama. Ils adorent jouer avec mes casques !

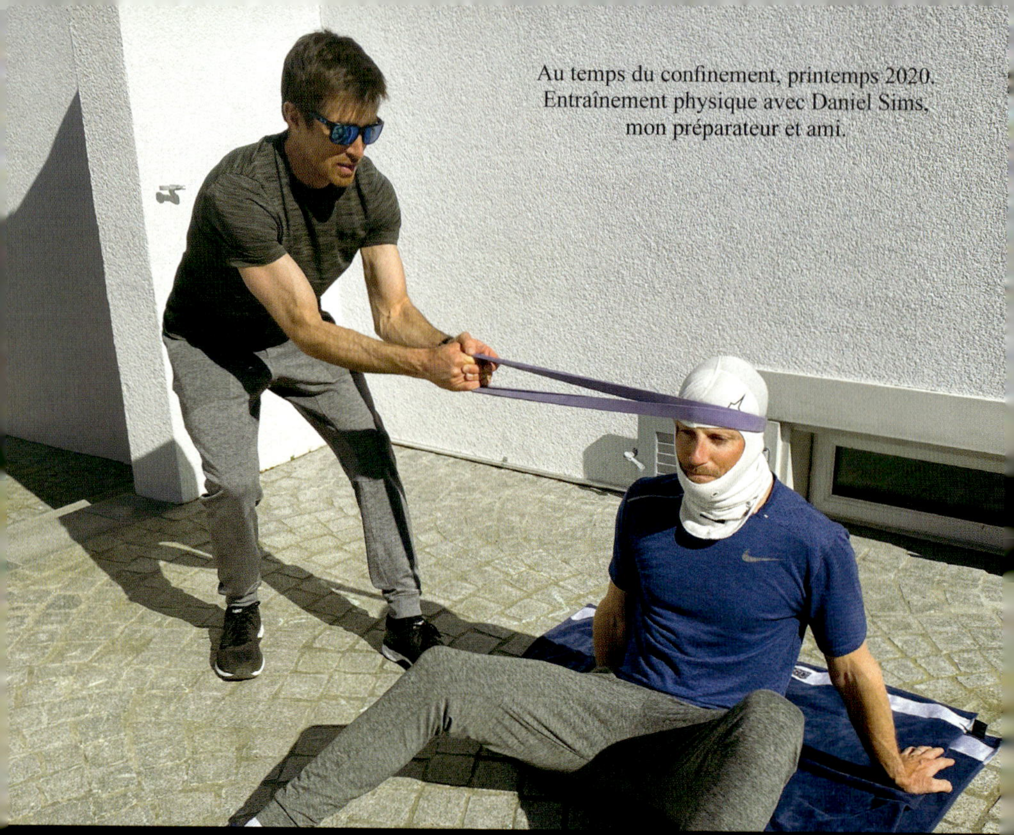

Au temps du confinement, printemps 2020.
Entraînement physique avec Daniel Sims,
mon préparateur et ami.

Premiers tours de roue en simulateur,
lors de la création de mon équipe R8G e-Sports.

D.R.

Le chef vous propose des burgers maison !

Au micro de Laurent Dupin, à Portimao, en octobre 2020.
J'annonce mon départ du Haas F1 Team.

Ma sortie de la voiture, dans les flammes, et le Dr. Roberts qui tente de s'approcher, le 29 novembre 2020.

À l'hôpital de Sakhir, à Bahreïn. Les premiers soins après l'accident.

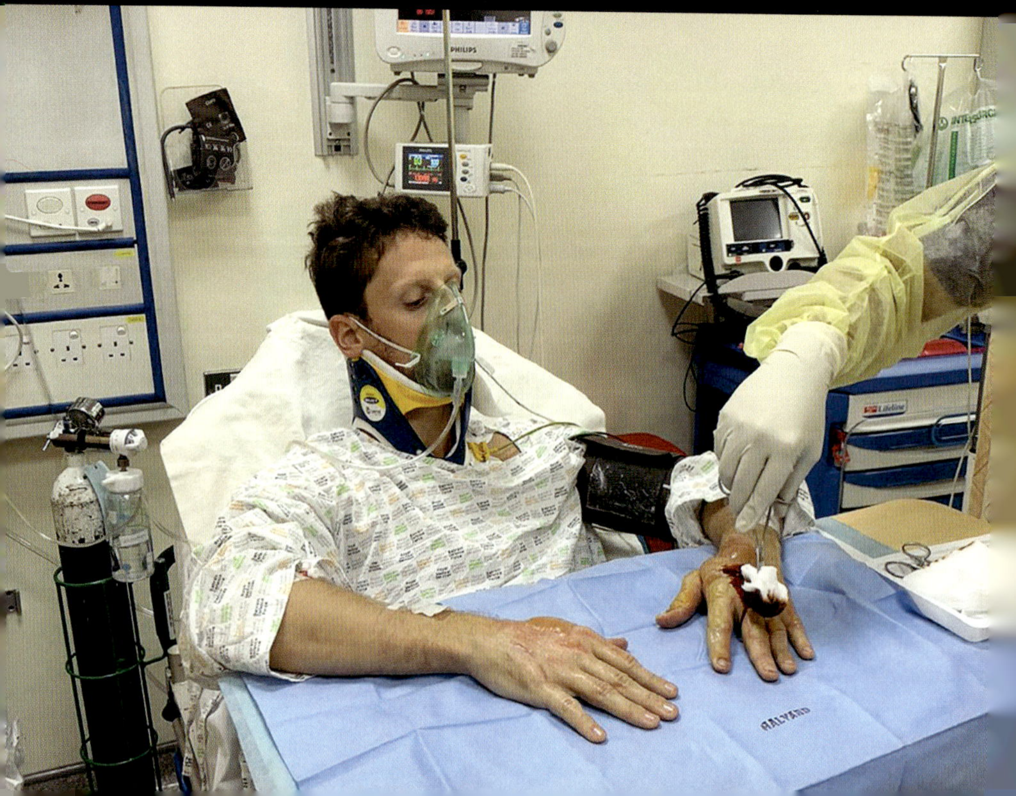

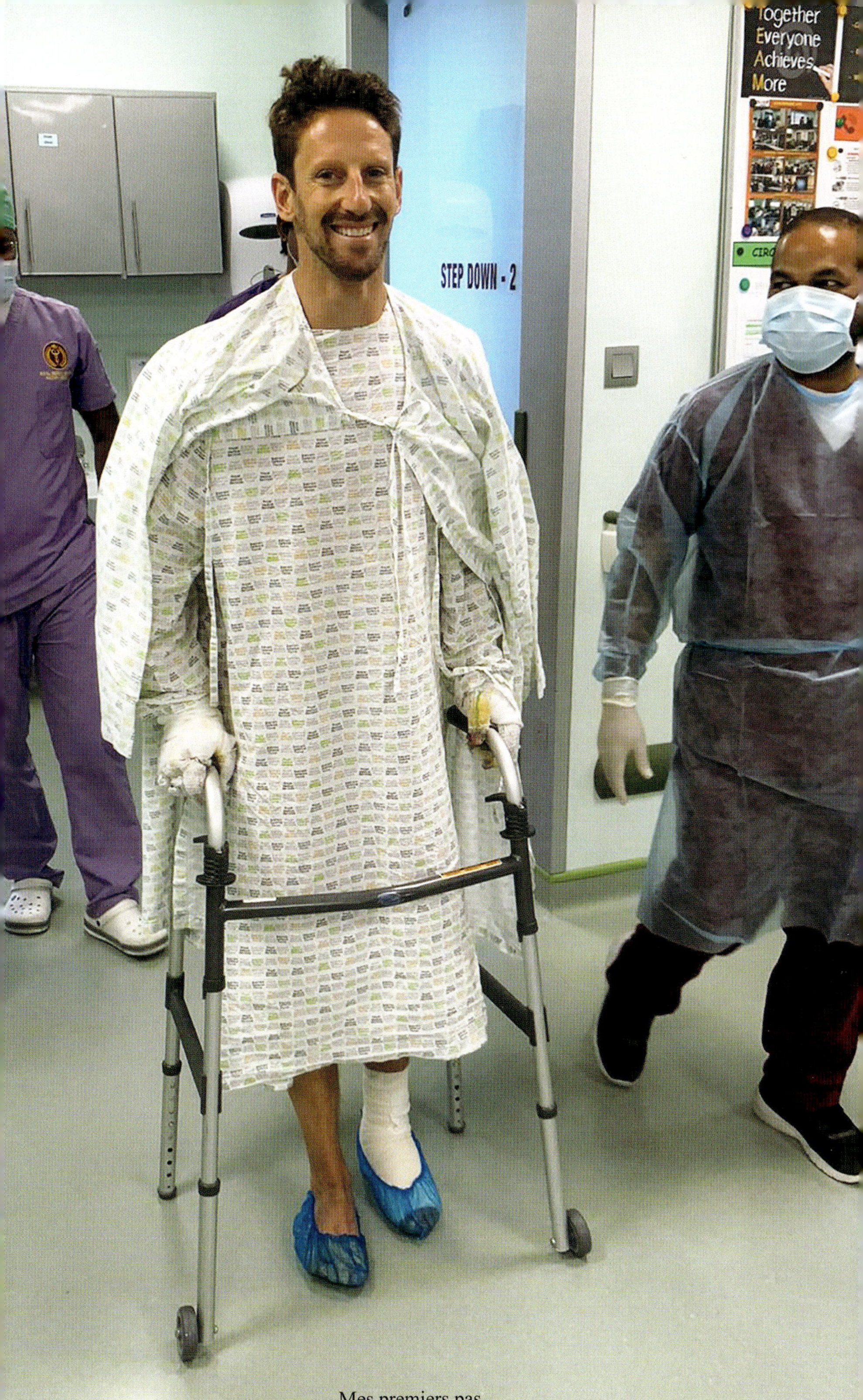

Mes premiers pas.

Ayao Komatsu, mon ingénieur et ami, vient à mon chevet.

Le casque dessiné par mes enfants,
que je devais porter pour mon avant-dernier GP en F1.

D.R.

Avec Alan Van Der Merwe (à gauche) et le docteur Ian Roberts, qui m'ont secouru à Bahreïn, 4 jours après l'accident.

Moment d'émotion, à Bahreïn le 05 décembre, lorsque je remonte dans ma monoplace pour la premier fois depuis l'accident.

Dans le garage Haas, mon discours d'adieu à toute l'équipe, le 06 décembre.

Hiver 2021. Les câlins de Camille soignent mes blessures.

D.R.

Au lendemain de mon retour à la maison,
Sacha nous prend en photo pour célébrer l'anniversaire de Marion.

Balade en forêt, près de chez moi. Je me reconstruis auprès de mes 3 enfants.

Grillades improvisées en Floride, devant « Raoul », notre motorhome, lors de notre premier roadtrip familial, au printemps 2021.

D.R.

Bienvenue dans Raoul !

Seuls au monde dans l’enceinte mythique
du Motor Speedway d’Indianapolis, à l’été 2021.

D.R.

Sous mes nouvelles couleurs, en Indycar, pour Dale Coyne Racing.

Je partage mon bonheur sur le podium d'Indianapolis, arrosant ma famille de champagne !

quelques situations embarrassantes. En Espagne, alors que je roule devant lui, il n'hésite pas à m'attaquer quand la voiture de sécurité s'efface, au cinquante-troisième tour. Je ne m'y attends pas. Mes pneus et mon fond-plat non plus ! Nous laissons bêtement échapper de gros points au classement. *Idem* en Angleterre, où nous nous accrochons tous les deux dès le départ en fond de grille, devenant la risée du paddock. Günther Steiner nous passera un savon mémorable. Ça ne nous empêchera pas de nous frotter encore l'un à l'autre au Grand Prix suivant, en Allemagne… Et c'est là, enfin, que nous crèverons l'abcès en discutant tous les deux. S'opposent deux conceptions différentes de l'effort collectif, mais une fois la situation tirée au clair entre nous, il n'y a aura plus aucune embrouille.

Il faut dire que le Haas F1 Team a d'autres chats à fouetter que de gérer nos querelles et égos de pilotes ; il est en proie à des soucis financiers tenaces et handicapants. Le peu d'évolution de la monoplace n'a rien de concluant, et les ingénieurs tâtonnent. Au retour en Europe, début mai, je demande à revenir au set-up du début de saison, celui utilisé en Australie trois mois plus tôt. Cela m'est refusé. Il faut aller de l'avant, me dit-on, et donc utiliser les nouvelles pièces.

Pourtant ça ne fonctionne pas, nous en avons bien la preuve en piste. Monaco, Canada, France, Autriche… Les Grands Prix s'enchaînent et les résultats sont catastrophiques. À force de me battre contre mes chefs, je finis par obtenir gain de cause en Angleterre. Nous reprenons la première version de la monoplace, pour retrouver les premières sensations. Deux semaines plus tard, en Allemagne, je signe le sixième temps des qualifications. Ma volonté de repartir à zéro n'était pas si absurde, finalement ! Je sais bien que je ne pourrai pas faire illusion sur tous les tracés ; il y a trop de failles, trop de manques dans tous les départements de l'équipe. Mais j'ai au moins le mérite de la guider pour qu'elle progresse dans le bon sens.

Hélas, je n'inscrirai aucun autre point sur le reste de la saison, après les six glanés à Hockenheim.

Marion

À titre privé, nous aurons d'autres soucis que les réglages de cette poussive monoplace américaine.

Le lundi 10 juin 2019, Romain rentre tout juste du Grand Prix du Canada. Épuisé par le décalage horaire, il s'endort tôt, le soir venu. Nous nous couchons toujours ensemble, au même moment ; c'est une habitude que nous avons prise au fil des années, même s'il est à peine 22 heures passées.

À minuit et demi, de grands coups secs en provenance du rez-de-chaussée nous réveillent brusquement. Romain bondit hors du lit et se précipite dans le couloir, tandis que j'attrape mon téléphone. J'ai déjà conscience de ce qui vient de se passer : quelqu'un tente de s'introduire chez nous. Depuis notre chambre où je reste seule, j'entends un hurlement, à quelques mètres à peine. Il est tellement puissant que je ne reconnais pas la voix qui le pousse. J'ignore ce qui se passe. J'ai peur, mais je ne panique pas.

— Allô, le commissariat ? Venez vite. Il y a des cambrioleurs chez nous !

— Vous êtes sûre, madame ? me demande le policier que j'ai au bout du fil.

— Mais évidemment !

J'ai envie de lui crier dessus, mais je murmure dans le combiné. Je ne veux pas qu'on m'entende hors de la chambre. Je suis persuadée que des intrus se battent avec Romain. Je donne le plus vite possible mon adresse et m'apprête à sortir à mon tour pour vérifier que les enfants ne craignent rien, et que je peux aider mon mari. C'est là qu'il revient vers moi.

— Tu as appelé les flics ? m'interroge-t-il.

Le voir de retour à mes côtés me rassure instantanément. Il n'a rien.

— Oui. Qu'est-ce qui se passe ?

— Deux hommes. Ils sont entrés dans la maison. Ils étaient dans l'escalier pour monter à l'étage.

Ses mots me paraissent insensés, mais c'est pourtant l'effrayante réalité. Ils ont fracturé l'une des portes de la cuisine. Par miracle, aucun de nos enfants ne s'est réveillé. La police arrive, les empreintes sont relevées. Ils identifieront d'ailleurs l'un des deux coupables. Expérience traumatisante qui nous poussera à prendre rapidement des précautions supplémentaires. Le lendemain, nous renforcerons le système d'alarme et l'intégralité du dispositif de sécurité !

Le hurlement que je n'avais pas reconnu, c'était celui de Romain, qui s'était rué sur les deux hommes pour les empêcher d'approcher.

— J'ai posé le cerveau, reconnut-il *a posteriori*. Ils avançaient près des chambres des enfants. Il n'y avait plus rien d'autre qui comptait que les protéger, eux.

Rien n'a été dérobé, les individus n'ont pas eu assez de temps. J'évoque, depuis le 29 novembre, les pouvoirs de super-héros de Romain, mais n'y avait-il pas là les prémices ? Nos enfants l'ont sauvé des flammes, et lui a su veiller sur eux, cette nuit-là. Longtemps, je me suis demandé ce qui se serait passé si les intrus n'avaient pas pris la fuite ; s'ils n'avaient pas eu peur des cris d'intimidation de Romain ; s'ils avaient continué à avancer vers lui. Comme je me suis demandé, l'hiver qui suivit le 29 novembre 2020, ce qu'il se serait passé s'il n'avait pas pu sortir de sa voiture.

Heureusement, ma grand-mère me répondrait qu'on ne refait pas le monde avec des « si » !

12

Le début de la fin

Romain

L'année 2019 est marquée par une nouvelle tragédie. Je dis ça comme si c'était monnaie courante ; c'est absurde. Ça banalise l'événement, alors que ça prouve, en même temps, à quel point mon expérience tient du miracle. Le 31 août, le jeune Français Anthoine Hubert est tué dans un accident en F2 (anciennement GP2) à Spa-Francorchamps, en marge du Grand Prix de Belgique. La violence est inouïe.

Je ne connaissais pas Anthoine. Je ne lui ai même jamais parlé. Je sais de lui ce que ses proches, dans le paddock, me disent. Que c'était un garçon charmant, drôle, intelligent. L'horreur a atteint son apogée.

J'assiste à sa mort en direct sur un écran géant, aux côtés d'une poignée de journalistes. C'est un samedi, lors de la course de F2 qui a lieu juste après les qualifications de la F1. Comme à chaque week-end, à la même heure, je suis en point média pour débriefer de ma position sur la grille, et je n'ai pas besoin d'avoir le son de la télé ni les informations des commentateurs pour savoir que c'est très grave. J'ai vu Giuliano Alesi, le fils de Jean, perdre le contrôle de sa voiture. Je l'ai vu percuter ses concurrents. Le soir même, j'irai à sa rencontre pour le soutenir, discuter, et tenter d'apaiser sa douleur. Il n'a rien physiquement, mais il est sous le choc, évidemment. Jean est là aussi. On cherche à comprendre comment un tel drame a pu se produire, tout en répétant des mots inutiles, mais vrais : « Tu n'y es pour rien, Giuliano, ce n'est pas ta faute. »

En dommage collatéral, un autre pilote est grièvement blessé : Juan Manuel Correa. Je m'inquiéterai de son état et garderai contact avec lui et sa famille par la suite.

Voilà une des raisons pour lesquelles j'ai accepté de m'impliquer au sein de la GPDA, la Grand Prix Drivers'Association. Formée en 1961, elle réunit les pilotes de F1 afin qu'ils collaborent à l'unisson avec la FIA autour des deux mots d'ordre de la discipline : sécurité et spectacle.

Lorsque je la rejoins, en 2012, il manque quelques membres clés : Lewis Hamilton, Kimi Raïkkönen,

Max Verstappen refusent d'y participer. Pourquoi, selon vous ? Parce que l'association est payante ! Il est plutôt risible de constater que ceux qui rejettent son principe sont ceux qui ont sans doute le moins de problèmes d'argent, non ? Enfin... sous la présidence d'Alexander Wurz, j'en prends la codirection au début de l'année 2018, avec Sebastian Vettel. Nous la réformerons, la réorganiserons et... la rendrons gratuite. Eurêka ! Voilà comment séduire les derniers réfractaires. Nous serons désormais tous solidaires pour faire évoluer notre sport dans le bon sens. Personne ne gagne d'argent ; la GPDA a un rôle de consultante et le dialogue est sain avec les instances dirigeantes, et notamment Michael Masi, qui remplacera le regretté Charlie Whiting en mars 2019.

Bien sûr, je ne sais pas, lorsque je m'envole pour Melbourne au printemps suivant, en 2020, que je participerai à ma dernière saison de F1. Pas plus que je ne m'attends à l'annulation de l'épreuve à la dernière minute, après mon atterrissage en Australie. Je me suis préparé et affûté comme tous les hivers. Vélo, ski de fond, gym... La F1 est un sport à part, dont les règles proscrivent l'entraînement en dehors des week-ends de compétition. Demandez à un joueur de football de ne pas toucher de ballon pendant l'intersaison ! Les pilotes sont soumis à ce régime strict : aucun roulage, sauf lors des quatre jours d'essai officiels en février. Le but est de minimiser les coûts, ce qui est parfaitement compréhensible, mais… imaginez les lions en cage ! Et imaginez-les lâchés en Australie, puis ré-enfermés dès leur arrivée de l'autre côté de la planète, après deux mois de conditionnement !

Ne vous méprenez pas : je ne dis pas que le confinement a été plus difficile pour nous. Au contraire ! J'ai trop conscience de la chance que j'ai. Nous avons de nombreux amis qui se sont retrouvés cloîtrés dans cinquante mètres carrés avec leurs enfants en plein Paris. En Suisse, les règles étaient beaucoup plus douces, la vie plus facile.

Simplement, mon aigreur trouve son origine dans le manque d'anticipation et de réaction de notre microcosme. Les nouvelles du monde entier sont alarmantes, et la F1 s'est montrée sous son pire jour. Elle s'est ridiculisée en s'obstinant à bafouer les règles sanitaires internationales. Nous avons tellement l'habitude de bénéficier de passe-droits et de privilèges que le paddock a pensé, à tort, pouvoir être épargné par ce qui touchait le commun des mortels. Le rappel à l'ordre est frustrant, après ce si long voyage, mais nécessaire. Nous faisons donc demi-tour pour rentrer en Europe, moroses et en colère contre nous-mêmes.

Il faut que je trouve comment employer cette oisiveté imposée. Je ne tiens pas en place, j'ai besoin d'être actif, physiquement et intellectuellement.

Comment a germé l'idée ? C'est Thibault Larue qui l'évoque le premier. Thibault est un ancien journaliste de la revue *Sport auto*. Il a couvert la F1 pendant de nombreuses années avant de rendre sa carte de presse, craignant l'aliénation néfaste et contagieuse du milieu. Il me parle de la montée discrète mais tout aussi puissante de l'e-sport. C'est nouveau et prometteur, alors que tout le monde est assigné à résidence.

J'y réfléchis vite. Travailler avec des jeunes, apporter mon expérience, mes contacts, apprendre aussi, en devenant patron d'une équipe… Et pourquoi pas ? Ainsi naît R8G e-sports, en plein confinement. Mon équipe… j'en suis tellement fier ! Une vraie structure professionnelle, avec Thibault à la communication et Stéphane Koch comme *team manager*. Moi qui n'ai jamais vraiment joué aux jeux vidéo, je découvre un univers passionnant, et les professionnels du simulateur gagnent mon respect absolu. Ils ont le talent sans le portefeuille ; je suis donc plus qu'heureux de leur offrir l'opportunité de montrer ce qu'ils savent faire. Ils analysent les données et travaillent avec la télémétrie, comme nous. Ils savent freiner, comme nous. Connaissent aussi bien les circuits. R8G e-sports prend alors part aux 24 Heures du Mans virtuelles officielles, organisées par l'Automobile Club de l'Ouest. La Porsche e-sport Supercup, le championnat le plus relevé ! La Formule électrique ; la F1 e-sport avec Haas. Au total, je compte vingt-cinq pilotes dans mon vivier, et prends plaisir à échanger avec eux. D'autres sportifs issus d'autres disciplines s'y mettent également, et certains instigateurs sont de mes amis :

Tony Parker, Gaël Monfils, Antoine Griezmann pour ne citer qu'eux !

Parmi mes collègues pilotes « réels », les plus jeunes baignent déjà dedans, bien sûr. Ils appartiennent à cette génération qui a grandi avec les écrans. Max Verstappen ou Lando Norris participent à de nombreuses courses, mais je deviens le premier pilote de F1 à créer ma propre équipe. Et je suis aussi le premier dans le Sim Racing à former un Junior Team pour les 14-16 ans, afin de leur permettre de travailler avec les pros de l'e-sport.

En parallèle, l'homme et le père que je reste a bien conscience, évidemment, des dangers des jeux vidéo, rassurez-vous ! Je suis déjà impliqué dans une entreprise de recherche scientifique, et m'intéresse notamment au recouvrement des capacités du cerveau en cas d'attaque cérébrale. En 2019, j'ai la chance de rencontrer Tej Tadi, le fondateur de Mindmaze. Tej est un neuroscientifique de génie et notre coup de foudre est aussi amical que professionnel. À ses côtés, je m'investis pour développer les possibilités de récupération cognitive suite à un accident, sans même savoir la résonance qu'elle prendra dans ma propre vie plus tard ! À l'heure actuelle, Mindmaze m'accompagne toujours dans ma carrière ; c'est l'un de mes partenaires privilégiés et j'entends poursuivre notre collaboration avec un engagement encore plus poussé autour de la sécurité dans le sport automobile.

J'en profite, d'ailleurs, pour digresser, car on m'a souvent demandé quel conducteur j'étais sur la route. Curieuse question ! Au risque de décevoir les plus téméraires d'entre vous, je respecte le code à la lettre. J'ai la chance de me faire plaisir sur des circuits adaptés, et d'avoir entre les mains les plus rapides voitures du monde. Comment les comparer avec nos véhicules quotidiens ? Ou bien essayer de reproduire en ville ce que j'éprouve en exerçant mon métier en piste ? Ce serait parfaitement stupide de ma part.

Enfin, à l'été 2020, la F1 retrouve la raison et apporte une solution empreinte d'humilité pour proposer ses services dans le respect des règles sanitaires. Personne n'est au-dessus des lois, et le paddock ne pourra se reconstituer qu'après la mise en place d'un système de « bulles ». Chaque pilote possède sa propre bulle au sein même de son équipe, et ne doit pas interférer avec les autres. La mienne est constituée de... Kim, mon physio ! Bien sûr, nous échangeons avec les ingénieurs, mais les réunions virtuelles sont favorisées, comme dans n'importe quelle entreprise. Pour accéder au circuit, nous sommes soumis aux tests PCR tous les cinq jours. Aucun passe-droit. Aucun spectateur. Aucun invité. La F1 est dépouillée de toutes les paillettes qui la caractérisent, et... je dois reconnaître que ça me plaît, comme ça. Sans obligation commerciale ou promotionnelle, le pilote retrouve son rang... de pilote !

La saison commence le 5 juillet en Autriche. En proie à des problèmes de freins durant l'entièreté du week-end, je serai contraint d'abandonner en course. La semaine suivante, cette fois, je suis victime d'une panne d'échangeur en qualification, et rallierai l'arrivée à une modeste treizième place.

Au même moment, les compétitions sportives sont marquées par les drames de notre société, et nous apportons notre soutien au mouvement planétaire de lutte contre le racisme. Bien qu'étant blond aux yeux bleus, bien que je ne puisse comprendre l'injustice d'être rejeté, je me poste évidemment aux côtés de Lewis Hamilton. Certains de mes confrères ne sont pas à l'aise avec l'idée de mettre un genou à terre sur la grille de départ. D'autres ne veulent même pas enfiler de tee-shirt portant une quelconque inscription, par peur d'être assimilés à un mouvement politique ! En tant que directeur du GPDA, mon rôle est de créer une unicité entre nous, pour que notre voix soit plus forte, plus claire, mieux entendue. J'ai donc fort à faire avec les réfractaires, mais aussi avec Lewis lui-même ! Il réclame, à raison, notre coopération, fustigeant notre mollesse dans les médias, mais se marginalise en parallèle, en coupant la communication avec nous.

Dire que les négociations seront complexes est donc un doux euphémisme ! Lorsqu'enfin, nous réussirons à nous accorder pour promouvoir le slogan « *End racism* » à chaque dimanche de Grand Prix, notre leader débarquera sur la grille… avec un autre message : « *Black lives matter* », sans en avoir informé les autres pilotes ! Bien sûr, c'était son droit le plus respectable, mais… comment prôner la solidarité s'il tenait à marquer sa différence ?

Je mettrai plusieurs jours à obtenir son numéro de portable et à le joindre pour en discuter avec lui, entre deux courses, fin juillet. Nous entretiendrons alors une longue conversation, assez riche et sincère. Je réalise que lui et moi, champion du monde ou retardataire de fond de grille, nous partageons beaucoup de valeurs, à commencer par notre regard sur le sport. Nous laisserons chacun libre de ses décisions.

À titre personnel, je m'agenouillerai toujours sans hésiter aux côtés de Lewis cette année 2020. Certains s'en abstiendront par crainte de froisser quelques dirigeants d'État. Mais… ces dirigeants d'État en question ne sont-ils pas des dictateurs ? Doit-on se formaliser de les offenser ? Le débat reste ouvert.

Début septembre, La Marseillaise retentit sur la plus haute marche du podium, à Monza, en Italie. Je l'avoue : je n'en ai appris les paroles qu'en 2009 seulement. C'est Marion qui a insisté ! J'ai grandi en Suisse, où l'hymne est un savant mélange de nos quatre langues, et je ne saurais même pas le reconnaître, ça ne fait pas partie de la culture générale du pays ! Pourtant, mon cœur français, ce dimanche-là, est ému par la résonance des notes de musique si chères à la patrie. Pierre Gasly vient de s'imposer, à la surprise générale, la sienne y compris. Bien sûr, je ressens un léger pincement : le prochain Français à inscrire son nom au palmarès des vainqueurs de Grand Prix aurait dû être moi. Mais... je me rue au pied du podium en compagnie d'Alain Prost pour applaudir mon pote, sans rechigner, et sans mauvaise foi. Pierre est quelqu'un de bien. Il n'a pas une carrière facile, et il mérite ce qui lui arrive ; il ne l'a volé à personne. Enfin... si je suis sincèrement heureux pour lui, je n'en tiendrai pas rigueur pour autant à Esteban Ocon, qui refusera, lui, de se joindre à nous pour féliciter notre compatriote. La nouvelle génération s'installe au pouvoir, avec autant d'arrogance que de talent.

Le 22 octobre, en marge du Grand Prix du Portugal, j'annonce officiellement la fin de ma collaboration avec Haas pour la saison prochaine, conjointement avec Kevin Magnussen. Ce n'est pas un secret, l'équipe a besoin d'argent. Elle mettra plusieurs semaines à annoncer, un peu honteuse, les noms de nos remplaçants : Nikita Mazepin, dont le père compte bien racheter l'entrée en F1 de Haas, et Mick Schumacher, le « fils de », lié à Ferrari (le fournisseur de moteurs de Haas).

Je m'attends à ce divorce depuis longtemps, et, une semaine plus tôt, j'effectue même un test en simulateur pour une équipe de Formula E, afin d'envisager un autre avenir. Le test se passe bien, mais le cœur n'y est pas. Je ne me vois pas évoluer en électrique en 2021, et les meilleurs sièges sont pris. C'est ce que je confie à Marion, à mon retour le soir même, dans notre cuisine. Je lui confie aussi que je ne souhaite pas davantage poursuivre avec Haas. J'ai l'impression de me battre contre des moulins à vent dans cette équipe. J'ai besoin d'un autre défi à relever.

Ironie du sort, moins de quarante-cinq minutes après cette conversation avec mon épouse, Günther Steiner m'appelait pour m'annoncer qu'il ne pourrait pas me conserver l'année suivante ! Je ne l'ai donc pas si mal vécu, puisqu'il s'agissait, somme toute, d'un commun accord…

Bien sûr, je devais tout de même digérer des regrets, je serais de mauvaise foi si je ne le reconnaissais pas. La F1 est la seule catégorie dans laquelle je ne me suis jamais imposé. Et puis… le saut dans le vide est terrifiant, quand on a pris l'habitude de vivre dans un univers où l'on nous dit sans cesse quoi faire et quoi penser. Les pilotes sont tellement assistés que c'est tout juste s'il n'y a pas quelqu'un pour lacer nos chaussures ! Je peux l'admettre aisément, j'en faisais partie.

Haas ne m'a pas trahi. Cela faisait plusieurs mois, voire plusieurs années, que je cherchais un volant ailleurs, je ne peux pas m'en cacher. Mais malheureusement, c'est presque mission impossible de trouver un baquet performant quand on ne vient pas de la bonne filière ou quand on n'apporte pas une valise de millions de dollars. Je me trouvais à la croisée des chemins : trop vieux pour accepter tout et n'importe quoi, mais trop jeune pour prendre ma retraite. J'avais encore tellement envie de rouler !

Mais j'avais aussi envie de reprendre ma liberté.

Pouvoir choisir ce qui me faisait plaisir. Quel luxe !

Quand on est pilote de F1, on doit se taire et « profiter », coûte que coûte ; même si c'est parfois un leurre. Même au volant de la pire voiture du plateau. Même avec des dirigeants qui ne nous manifestent aucun respect et qui ne comprennent pas notre sport. Après tout, c'est déjà une chance exceptionnelle de faire partie du paddock si fermé de la discipline reine ; il n'y a que vingt élus dans le monde !

Que ce soit clair : je ne vise et dénonce ni la gestion, ni le personnel du Haas F1 Team. Je sais trop bien ce qui se passe dans les autres équipes. C'est un microcosme dans lequel les gens parlent ! À titre personnel, je crois juste que j'avais suffisamment « profité »... J'en étais fatigué. Fatigué de ne rien voir évoluer, ou de sourire aux médias sans pouvoir leur dire la vérité ; *ma* vérité. Fatigué par la frustration, l'incompréhension, et la culpabilité de ressentir toutes ces émotions négatives, alors que j'avais, en même temps, conscience d'être un privilégié. Se plaindre aurait été tellement indécent. Paradoxal, non ?

À chaque départ sur les Grands Prix, après neuf ans de relation d'amour et de haine avec mon métier, le pire, pour moi, réside dans cette incapacité à trouver encore de quoi se réjouir. Quelle est la place de la satisfaction ? Le pilotage me passionne toujours autant, mais il ne s'agit que d'une partie dérisoire de ce que j'ai à faire sur les week-ends de course, et il entraîne aussi des déceptions qu'il faut savoir relativiser. En 2013, je me souviens m'être maintes fois emporté quand je roulais pour Lotus, alors que la voiture était plutôt performante. Pourquoi râlais-je constamment ? Parce que je m'élançais septième ou huitième sur la grille ? On oublie vite que l'on peut tomber toujours plus bas. Alors, quand j'entends Lewis Hamilton dans ses communications radio, expliquer à ses ingénieurs que telle ou telle course est la plus difficile de sa carrière, je ne peux m'empêcher de sourire derrière le masque. La plus difficile, Lewis ? Vraiment ? Viens à l'arrière du peloton ; viens voir comment ça se passe…

Je dois paraître aigri, mais tout va bien pour moi ! C'est juste un constat un peu amer que fait le gosse que j'étais, des étoiles plein les yeux, lorsque j'ai débarqué dans le paddock. Je ne suis pas allé au bout du rêve, mais je l'ai touché du doigt ; c'est bien plus proche que ce que des milliers d'autres pilotes ne seront jamais. Et, comme un fan de sport auto, je continuerai à suivre les résultats et les championnats, je n'en démords pas. Je ne cherche pas à égratigner le milieu. J'aspire simplement à d'autres aventures pour maîtriser peut-être un peu mieux mon destin.

Avec le recul, je me rends compte également que mes années F1 sont folles. Qui peut se vanter d'avoir vécu tout ce que j'ai vécu avant ses trente-cinq ans ? J'ai joué au cricket en Angleterre avec les princes William et Harry ; j'ai déjeuné à leur table. Tourné dans le clip *Dangerous* de David Guetta. Je suis devenu le parrain du bateau de Louis Burton pour le Vendée-Globes. Me suis lié d'amitié avec l'acteur américain Matt LeBlanc, sans avoir jamais regardé un seul épisode de *Friends* ! J'ai monté les marches du festival de Cannes ; foulé les plus beaux tapis rouges et été reçu sur tous les plateaux TV. J'ai incarné des marques de rêve : Richard Mille, Mumm, Jaguar ; fait le tour de la planète en voyageant en première classe et en dormant dans des hôtels cinq étoiles. Joué au foot avec Zinedine Zidane et Didier Deschamps ; au rugby avec Sébastien Chabal. J'ai levé des fonds pour une association dont je suis le premier ambassadeur, participant à *Fort Boyard* ou organisant un prestigieux gala dans l'un des plus grands palaces parisiens.

En définitive, que me reste-t-il de tout ça ? Beaucoup de fierté, évidemment ; quelques souvenirs savoureux, des sourires et anecdotes tendres, des rencontres glorieuses, et… l'amour de mes enfants. Avant tout.

Mes trois enfants. C'est bien tout ce qui compte, non ?

C'est donc dans cet état d'esprit que j'aborde la dernière ligne droite en F1 : les trois derniers Grands Prix de la saison, et de ma carrière au plus haut niveau. Deux manches à Bahreïn, puis une dernière à Abu Dhabi. Je l'imaginais en grande fête, mais, Covid oblige, mes proches ne peuvent pas faire le déplacement. Il n'y a pas d'objectif autre que celui de me faire plaisir. Je sais que je vais quitter le paddock discrètement, par la petite porte. Ce n'est pas grave, je suis prêt. Mais je ne suis pas au bout de mes surprises…

Marion

Janvier 2020. Une fois n'est pas coutume, j'ai abdiqué. Nous ne passons pas les vacances d'hiver au soleil, mais à la montagne. D'ordinaire, je rechigne à m'y rendre, car je ne sais pas skier ! Mais je me dois d'apprendre, pour partager ce sport avec Romain et les enfants. Sacha et Simon dévalent déjà les pistes. Seule Camille est encore ma dernière excuse pour ne pas les accompagner ! Depuis plusieurs années, j'ai enchaîné les grossesses et les allaitements de mes nourrissons. Comment avoir le temps de m'y mettre sérieusement ? Cette fois, c'est la bonne. Nous nous rendons aux Arcs, une station ravissante, assez proche de la maison. Et… à ma plus grande surprise, moi qui manque tant de confiance en moi, je découvre des sensations que j'adore ! La semaine est propice aux vacances de rêve : le soleil brille sans discontinuer. Les enfants sont au paradis. Même notre fille apprécie le petit club dans lequel on l'a inscrite !

Je prends des cours tous les jours avec une monitrice très patiente. Le 1er janvier, je regarde une civière passée à côté de nous, dans laquelle gît un skieur victime d'une probable chute. Je me dis qu'il n'a franchement pas de chance de commencer l'année comme ça ! J'envoie un message à mes parents, toute fière : ça y est, je skie en parallèle ! Le début de la liberté.

Le 2 janvier, il y a un monde fou sur les pistes. Ceux qui n'ont pas résisté aux fêtes du nouvel an retrouvent leurs bonnes résolutions dès le lendemain. Dans un virage, une snowboardeuse manque complètement sa trajectoire et vient me percuter à vive allure, sans que je m'y attende. Tout de suite, elle bredouille des excuses. Moi, j'essaie comme je le peux de m'asseoir dans la neige. Le choc ne me semble pas violent, mais il a dû l'être suffisamment pour me faire déchausser des deux skis et me projeter la tête la première au sol. En face de moi, la femme ne propose pourtant pas son aide. Pire : elle repart aussi vite qu'elle m'a heurtée ! Certains élèves de mon groupe s'approchent alors pour m'aider, et je comprends pourquoi elle a choisi de s'enfuir précipitamment. La neige est maculée de sang. Le mien. On me tend un mouchoir, les secours sont appelés. Je joins aussi Romain. Il est bien plus haut dans la station, parti seul en peau de phoque.

— Chéri, il faudrait que tu me retrouves à la clinique des Arcs, lui dis-je calmement. On va m'y emmener… J'ai eu un accident. Je saigne, je ne sais pas trop d'où. J'ai une dent déchaussée et je suis un peu sonnée.

Au téléphone, sa voix tremble.

— Mais non… Ce n'est pas possible. Tout se passait si bien… J'arrive tout de suite. C'est ma faute…

Je n'aurais jamais dû te pousser à venir skier. Je me dépêche… Ça va aller, moustique…

Les secouristes arrivent, et reconnaissent la « présentatrice d'*Automoto* ». Je tiens un mouchoir ensanglanté sur mes lèvres, ils ne voient pas encore l'étendue des dégâts.

— Alors ? Il est sympa Denis Brogniart ? me demandent-ils tout en sortant leur trousse de secours.

— Ne vous inquiétez pas, on va vous recoudre et hop, vous pourrez repartir en un rien de temps.

Je baisse la main pour leur montrer la plaie. Ils se regardent alors d'un œil inquiet, et l'un des deux change de discours :

— Bon… En fait, c'est trop profond. On ne va pas prendre le risque de vous recoudre comme ça, sur la piste. On va vous mettre une compresse, et vous descendre en civière jusqu'à l'ambulance. Vous verrez ensuite avec le médecin de la clinique, en bas de la station ; c'est plus sûr.

Je commence à paniquer. Civière, ambulance, clinique. Des mots que je n'ai pas vraiment envie d'entendre ! À destination, dans la salle d'attente, Romain me rejoint. Quand il me voit sagement assise, il se sent instantanément rassuré.

— Ouf. J'ai cru que tu allais vraiment mal. Ils t'ont donné un antidouleur ? C'est bien. Tu vas voir le docteur et hop, demain, tu es de retour sur les pistes.

— Je ne crois pas, chéri. Les secouristes ont fait une drôle de tête en voyant ma blessure ; ils n'ont pas voulu y toucher.

Le médecin est gentil et sérieux. Il me retire délicatement la compresse, en me confirmant qu'il va me recoudre correctement et rapidement. Lorsque j'expose ma plaie, il se tient en face de moi, à la droite de Romain. Ils m'observent tous les deux et je vois soudain leur visage se figer dans une seule et même grimace.

— Bon, finit par dire le docteur. Alors en fait, je ne vais pas pouvoir vous faire des points de suture ici.

— Vous non plus ? Mais c'est pas vrai ! Je suis défigurée ? À ce point-là ?

Je ne me suis toujours pas vue dans un miroir. La blessure n'est pas large, mais elle est extrêmement profonde.

— Il faut vous rendre à l'hôpital de Bourg-Saint-Maurice. Vous devez trouver un chirurgien vraiment compétent, si vous ne voulez pas de cicatrice. Comme c'est sur le visage, c'est délicat… Et contactez un dentiste de toute urgence également. Vous avez une dent qui va tomber.

— Mais nous sommes le 2 janvier ! Ce sera un remplaçant ou un stagiaire à l'hôpital, non ?

— Je vais me renseigner. La seule certitude est qu'il faut agir vite, dans les deux heures, avant que le processus de cicatrisation ne débute. Sinon, ce sera plus compliqué.

Romain envisage un rapatriement en hélicoptère à Genève, mais après deux appels, le médecin nous confirme qu'il connaît le chirurgien de garde.

— Vous pouvez lui faire confiance. C'est quelqu'un de bien.

C'est aussi un coup de poker pour ma petite bouille !

— Je vais être défigurée à vie...

— Non, moustique, me dit mon mari avec amour. Tout va bien se passer. Tu es la plus belle, et tu le seras toujours.

Je vous passe les détails du reste de la journée : les heures à l'hôpital, les coups de fil pour trouver un dentiste, retourner aux Arcs récupérer les enfants, puis, après le dîner, alors que la fatigue s'accumule, la réparation effectuée à la va-vite sur ma dent qui lâche brusquement ! Téléphoner de nouveau à un autre dentiste à 21 heures, retourner à son cabinet...

Au final, je souffre de multiples fractures de la mâchoire, et j'ai plusieurs points de suture. Sur l'instant, cela nous paraît phénoménal. Difficile d'imaginer que Romain me battrait à plate couture dans la surenchère de nos accidents quelques mois plus tard !

Ce dont je me souviens, c'est surtout de sa gestion de l'épisode. La façon dont il s'est montré prévenant, rassurant... Et cette culpabilité qu'il s'imputait, alors que c'était moi qui étais tombée ! Déjà, il avait le sentiment d'échouer à protéger sa famille. Comme s'il était responsable de notre bien-être, et de ma lamentable chute de ski ! Imaginez alors sa souffrance, en novembre de la même année, à nous avoir fait aussi peur.

Qui a dit que les sportifs étaient forcément des êtres égoïstes ?

Cette saison, Romain ignore encore que ce sera sa dernière en F1, et pourtant, il l'abordera différemment des autres. Moi, sa compagne, je suis capable de le sentir. Son renouvellement avec Haas, il l'a signé le couteau sous la gorge en septembre, et n'en est pas très content. Les autres sièges sont pris, et il râle d'être mis devant le fait accompli.

— Un contrat reste un contrat, lui dis-je alors. Combien de tes collègues sont sans volant ? Tu sais bien que c'est le jeu des chaises musicales tous les ans.

Oui, il le sait bien, mais il n'est pas le seul. La « partie adverse » aussi ! Juste avant la reprise du championnat, l'équipe américaine va profiter de cette position de force pour lacérer la confiance que Romain lui porte. C'est Martin, son associé et manager, qui le prévient.

— Désolé de te l'annoncer comme ça, à la dernière minute, mais ils ont décidé de modifier le texte et d'ajouter une clause.

— Une clause ? Pourtant tout est déjà signé… Je ne comprends pas…

— Je le sais bien, mais ils en ont le droit. Avec la loi du marché, il y a beaucoup plus de pilotes que d'équipes. Alors soit tu acceptes, soit tu prends la porte et ils te remplacent au pied levé.

— Mais c'est quoi, cette clause ?

— Ils peuvent te virer à tout moment de la saison s'ils le souhaitent. Sans préavis. Sans motif.

— Tu plaisantes ?

— Non.

Officiellement, cet alinéa supplémentaire a simplement pour but de « motiver » le pilote à se transcender à chaque épreuve, puisqu'il roule avec l'épée de Damoclès au-dessus de lui. Bien sûr, nous ne sommes pas dupes : il couvre surtout les dirigeants, en proie à de lourdes difficultés financières. Si la situation venait à se détériorer, ils pourraient alors faire appel à un jeune *rookie* aux valises remplies de dollars. Ils ne se gêneront pas d'ailleurs, la saison suivante.

Romain hésite à tout plaquer, mais a-t-il le choix de refuser ce revirement ? Toutes les autres places, dans toutes les catégories, sont déjà distribuées. En professionnel, il fera donc son travail en 2020 comme il l'a toujours fait : avec bravoure et sérieux.

Haas ne le remplacera pas en cours d'année, mais les Grands Prix se succéderont sans saveur jusqu'à Bahreïn. Nous nous apprêtons alors à tourner la page dignement, jusqu'à l'antépénultième rendez-vous du championnat.

13

29 novembre 2020

Romain

Nous voilà au 13e chapitre de ma vie… Heureusement que je ne suis pas superstitieux ! Il se passe toujours quelque chose à Bahreïn. Je l'ai dit maintes fois à Marion… J'apprécie le circuit, propice au spectacle, et le cadre est l'un des plus somptueux de la saison.

Nous sommes le 29 novembre 2020. Cette date restera gravée à jamais dans ma chair.

Au peu glorieux 19e rang sur la grille, je ne me fais franchement pas d'illusion. C'est un dimanche de course comme les autres, mais à un détail près, tout de même : il ne m'en restera plus que deux, après celui-ci. J'arrive au bout de mon histoire en F1, et je tiens à la quitter sans amertume, en donnant le meilleur de moi-même.

C'est mon 179e départ en Grand Prix. Il faut que je le savoure.

Marion

Enfin.

Il est un peu plus de 15 h 10 en Europe ; le départ est lancé. Nous sommes tous réunis devant l'écran géant pour regarder la course. Sacha, Simon, Camille, mon beau-père, Christian, et son épouse, Valérie. Qui sait ? Peut-être Romain pourra-t-il glaner quelques points à la faveur des abandons devant lui ? Nous sommes toujours gonflés d'espoir.

Je me demande soudain ce que l'on a échangé avant qu'il ne s'installe dans sa monoplace.

Probablement quelques banalités. Je sais qu'il est concentré ; il veut partir par la grande porte, mais c'est compliqué en s'élançant d'aussi loin, en dernière ligne. Je croise les doigts et fais sans doute tourner mon alliance ; une manie que j'ai prise tout au long de ces années.

Romain

Il m'est facile de visualiser la procédure, et l'extinction des feux, même plusieurs mois après.

J'aperçois encore l'espace devant moi, et je dois en profiter. Je sors vraiment bien du virage 2, tout s'enchaîne vite. Je pense qu'il n'y a personne derrière, et regarde par deux fois dans mon petit rétroviseur pour m'en assurer. À gauche, quelques débris jonchent la piste ; je me déporte donc spontanément sur la droite.

Malheureusement, le Russe Daniil Kvyat est dans mon angle mort. Impossible à voir. Le moteur Honda a plus de puissance que le nôtre, et le pilote Alpha Tauri est revenu à ma hauteur sans que j'aie pu l'anticiper.

Au moment de l'accident, je ne suis pas en mesure de comprendre que je le touche. Mais je sais que je perds le contrôle.

Seulement six dixièmes de seconde plus tard, ma voiture se fracasse contre le rail et s'immobilise.

L'impact a lieu à 192 km/h. Je n'en ressens pas la violence. Je me contente de fermer les yeux.

Marion

J'entends la voix de Julien Fébreau, au commentaire. Très vite, il m'annonce une Haas en perdition dans le fond du peloton. Simultanément, nous assistons à une explosion effroyable, alors que la monoplace américaine de Kevin Magnussen défile au premier plan sur l'écran géant de notre salle cinéma. Évidemment, instantanément, mon cerveau assimile et comprend toutes les données reçues.

Tout fait sens.

Je sais, dans le dixième de seconde, que Romain se trouve dans ce brasier, là, quelque part.

Même si tout est allé très, voire trop, vite.

J'ignore les circonstances, j'ignore comment on en est arrivés là, ni même comment il va, mais j'ai conscience que mon mari vient d'être victime de l'un des plus monstrueux accidents de la décennie.

Cette certitude me frappe comme un uppercut en plein cœur.

Romain

Je ne suis pas KO, c'est déjà ça. Je ne perds connaissance à aucun moment.

Je rouvre les yeux et retire mon harnais.

Combien de fois l'ai-je fait tout au long de ma carrière ? Comme un automate, sans y réfléchir ?

Chaque geste instinctif rapidement exécuté va compter, et me sauver la vie, mais je ne le sais pas encore.

Inutile de retirer le volant : il a été arraché. J'essaie alors de sortir de ma monoplace, mais réalise que je suis bloqué. Je crois que c'est le halo, ou peut-être mon tour de cou, qui obstrue toute issue, et je me rassieds, sans paniquer. Je me dis qu'on va forcément venir m'aider, que ce n'est pas bien grave. Je ne me rends pas encore compte qu'il y a le feu. Le bruit de l'impact contre les rails, je ne l'ai pas entendu. Même maintenant, d'ailleurs, je serais incapable de le reconnaître, alors que celui des flammes qui crépitent me reviendra plus tard à l'oreille.

Marion

Les premières secondes sont passées, mais mes yeux refusent encore de croire ce à quoi ils viennent d'assister furtivement. C'est trop violent.

Alors il me faut écouter.

La voix de Julien.

Celle de mon témoin de mariage.

Le parrain de notre fils aîné.

Notre intermédiaire dans nos premiers rendez-vous amoureux.

C'est sa voix, à lui, que j'entends me confirmer l'horreur de la vérité. C'est elle qui m'explique que Romain est pris au piège. Cette voix que je connais si bien. Cette voix que j'adore. Celle qui me fait tellement rire. Celle que j'appelle à n'importe quelle heure pour parler de tout et de rien. Je l'entends bien, mais je n'arrive pas à la reconnaître. Pourrait-elle être porteuse du pire ? L'oserait-elle seulement ?

Non. Elle se contente de s'interroger sur ce qui a bien pu se passer pour qu'une explosion aussi exceptionnelle se produise.

Alors que je suffoque, le ton reste monocorde, mécanique. Il se refuse à imaginer quoi que ce soit ; à interpréter la coupure brutale d'informations. Il me tient debout ; n'évoque pas la probabilité que le pilote soit mort. Il ne remet rien en cause. Julien est avec moi.

On observe le reste du peloton regagner les garages.

Je n'arrive plus à respirer.

En grand professionnel, mon meilleur ami commente, lui, tout ce que l'on voit à l'antenne. Il est serein, et décrit tout ce que l'on veut bien nous montrer.

Tout, sauf ce qu'il se passe en piste.

Julien « meuble » pour ne pas laisser gagner le silence, je le sais.

Ce silence effrayant que l'on devine envahir le muret des stands, se propager et s'infiltrer sournoisement dans toutes les équipes. Combien de fois nous sommes-nous promenés sur la *pitlane* ensemble, Ju et moi ? Nous connaissons la procédure mieux que quiconque. Tout le monde retient son souffle jusqu'à réception de nouvelles rassurantes.

Mais cette fois, les nouvelles rassurantes ne parviennent pas.

Où est Romain ?

Est-il conscient ?

Les secondes continuent de défiler, et il n'y a aucun ralenti, aucune explication. Juste un drapeau rouge brandi.

À des milliers de kilomètres, que faut-il interpréter ?

Le drapeau rouge.

Il signifie l'arrêt de la course.

Le pilote n'est pas sorti.

Nous n'avons pas la moindre image de la voiture, même par vue d'hélicoptère, alors que celui-ci survole forcément la scène.

J'ai arpenté trop de circuits pour ignorer quelles sont les consignes sur place. Aucune vidéo ne sera diffusée tant qu'il n'y a pas la garantie que tout le monde est indemne. Le pilote, mais aussi le personnel de secours. La violence de l'explosion peut avoir touché des cadreurs, des pompiers, des commissaires de piste à proximité…

Et ces secondes maudites s'égrènent, les unes à la suite des autres, au ralenti.

À la première, Sacha a hurlé. Il n'a pourtant pas compris, lui, que c'est la voiture de papa qui s'est fracassée et embrasée tout entière. Sacha suit les courses, mais il est encore trop jeune pour pouvoir analyser les conséquences de l'épouvantable accident.

D'un bond, nous nous sommes tous levés de nos fauteuils. Les adultes par choc, les enfants par mimétisme. Dans cette salle de cinéma, au sous-sol de notre maison, il y a le sentiment que quelque chose de grave vient de se produire. Quelque chose d'irréversible, qui marquera nos vies à jamais. C'est la première de mes convictions, je m'en souviens bien.

Puis, vient l'odeur infâme du drame, dont il faut éloigner mes enfants. Vite.

Sacha, Simon, Camille. Mes petits.

C'est leur père qui est en danger de mort. Le héros de leur quotidien ! Ils ne peuvent pas assister à ce qui va arriver, c'est hors de question. Immédiatement, Valérie les entraîne loin de ces quatre murs que j'abhorre désormais. Ils n'opposent aucune résistance ; il y a du gâteau au chocolat dans la cuisine.

— Allez… C'est l'heure du goûter ! Montez avec Vava, elle va vous couper autant de parts que vous voulez.

C'est ce que je parviens à articuler pour les protéger, je crois, de manière surjouée. Je déglutis péniblement, et les pousse, en titubant, en dehors de la pièce. Il y a urgence. Je ressens cette notion-là au creux de mes entrailles. Il y a urgence. Urgence d'évacuer mes enfants ; urgence de savoir ce qu'il se passe là-bas, si loin de nous. Urgence de voir le visage de mon mari, sain et sauf.

Bon sang. Où est-il ?

La question me revient encore. Qu'est-ce qu'il fait, là, pendant que je regarde cet écran géant inutile ? Dans quel état est-il ? Est-ce qu'il est en mesure d'agir ? Capable de raisonner ?

Romain

Je suis encore suffisamment lucide pour comprendre que je suis coincé dans ma voiture !

Je jette un coup d'œil à gauche et constate que le décor est d'une couleur orange ; je trouve ça étrange. Au même moment, je m'aperçois que le plastique de mes *tear-off* est en train de brûler. Les *tear-off*, ce sont les languettes amovibles situées sur la visière de mon casque. Je crois alors chercher le bouton du petit extincteur embarqué par obligation réglementaire dans la monoplace ; en vain. Ma vue est brouillée, je ne parviens pas à le trouver.

Il faut que je sorte de là. Vite.

Cette certitude me frappe.

Je tente une nouvelle fois de me lever, mais n'y arrive pas. Je suis vraiment enclavé, et cette réalité m'assomme plus que la violence du crash.

Merde.

Je commence à réaliser que c'est vraiment sérieux. Sans la moindre visibilité, coupé du monde, j'ai le temps de penser que je vais finir comme Niki Lauda, pris au piège, brûlé vif dans ma voiture.

Je dois probablement secouer la tête. Essayer de me convaincre encore que ça ne peut pas m'arriver, à moi. Que ma vie ne peut pas s'arrêter là, comme ça, sans que j'y sois préparé. C'est impossible. Et pourtant. Je n'ai pas beaucoup d'espoirs de m'en sortir tout seul.

Je me redresse pour m'extraire à la verticale, mais je suis bloqué.

Nouvelle tentative à droite. Sans issue.

Je me retrouve assis, encerclé, et ça devient évident. Je la vois arriver. La mort. Je n'en ai même pas peur.

Elle s'approche lentement, mais je peux déjà sentir son odeur. Elle est là, à rôder tout autour. Mon corps l'accepte presque, et se relâche.

C'est terminé.

Je n'ai pas peur, mais une multitude de questions me vient.

Quelle partie de moi va brûler en premier ?

Combien de temps vais-je agoniser ?

Est-ce que ça va faire mal, de mourir ?

J'ai encaissé 67 G. Difficile de savoir si je suis bien clairvoyant à cet instant. Mais…

Je pense à mes enfants, à la maison.

Sacha, Simon, Camille.

Je peux presque les imaginer devant moi, tous les trois. Si petits. Drôles. Complices.

Est-ce qu'ils vont grandir sans père ? Est-ce que je vais les abandonner là ?

Non. Je le refuse.

Ils ont besoin de moi.

Mes enfants.

Ils ont besoin de moi.

Il faut que je me batte pour eux.

Mes enfants.

Je ne peux pas les laisser.

Je n'ai pas le droit de lâcher.

Marion

Je suis seule avec Christian, et je prends sur moi pour fermer la porte de la salle cinéma. Je veux être sûre que personne n'entendra rien de ce qui se passera. Je ne sais pas comment je vais réagir aux informations qui nous parviendront ; il faut donc éloigner les petits de cette pièce obscure dans laquelle nous craignons le pire.

Je me souviens en avoir la pleine conscience.

Mon beau-père est debout, muet ; il ne bouge pas d'un centimètre, ses yeux sont rivés à l'écran géant qui projette la retransmission du direct. Moi, j'ignore comment respirer. Je crois que je m'assieds. Je crois que je me relève. Je chancelle. Et les secondes passent, sans s'arrêter.

Il faut arrêter le temps. Je sais qu'il faut arrêter le temps. Parce que le temps est notre ennemi. Plus il passe et moins il y a de chances de voir sortir Romain indemne.

Par pitié.

Que quelqu'un arrête le temps.

Que la Terre s'arrête de tourner.

Que plus rien ne bouge tant qu'on ne sait pas.

L'ignorance.

J'imagine que c'est ce qu'il y a de pire.

Mais non. Elles continuent de fuir, ces foutues secondes. Je sais que Sacha, Simon et Camille sont là-haut, dans la cuisine. Je sais qu'une fois le gâteau au chocolat englouti, ils vont vouloir redescendre et me rejoindre, pour aller aux nouvelles. « Alors maman ? Qu'est-ce qu'on a manqué ? Qui a fait un accident ? Dis-nous ! »

Que vais-je leur répondre ? Je me pose déjà la question.

Montrez-moi des images, donnez-moi des informations. Une mère sait toujours trouver les mots, alors il faut qu'on m'indique comment va Romain, pour pouvoir parler à mes enfants. Je sais qu'il va falloir que j'ouvre la porte de la salle cinéma. Mais les secondes défilent et je n'ai toujours pas le moindre signe qu'il va bien.

J'ai le temps de penser : *Il est vivant, ou il est mort.*

Il est vivant, ou il est mort.

À aucun moment, je n'envisage qu'il peut être blessé. Ça ne me traversera jamais l'esprit.

Romain est quelqu'un de fort.

Romain est l'un des meilleurs pilotes de sa génération. Romain est un père exceptionnel. Ce n'est pas possible qu'il soit mort.

Non, ce n'est absolument pas possible.

Je m'interroge, devant les images prétextes rediffusées sans fin.

Est-ce que tous les gens qui ont perdu un des leurs pensent ça, eux aussi ? Que ce n'est pas... possible ?

Vous savez, ces tragédies qui arrivent âprement... Un mari part chercher le pain à la boulangerie, et se fait renverser par une voiture. Comment ne pas rejeter la réalité lorsqu'elle frappe de façon aussi crue ? Lorsqu'elle est trop abjecte pour que l'on puisse y croire et l'accepter telle qu'elle est ?

Est-ce que ça peut nous arriver, à nous aussi ?

Est-ce que les autres ont éprouvé la même violence ?

Ce que je ressens là, dans mes entrailles... Seraient-ce les prémices du pire ?

Ces autres... Est-ce qu'ils pensent également que « ça n'arrive qu'aux autres »... ?

J'ai peur que la douleur dépasse l'entendement. J'ai peur de perdre le contrôle. L'impuissance face au destin. L'impuissance de ne pas pouvoir aider mon mari. C'est terriblement lourd à porter. J'ai l'impression de ne plus être capable d'inspirer le moindre souffle d'air. Ça ne peut pas être vrai. Ça ne peut pas.

Pour pallier le manque d'information, le réalisateur du Grand Prix nous montre quelques visages incrédules. Il faut bien combler ce temps d'incertitude qui s'écoule inéluctablement. Certains secouent la tête ; d'autres se tiennent les mains. Tous les pilotes ont déjà regagné leurs stands, retiré leurs casques, et attendent, comme nous, les traits tirés et les regards angoissés.

Tous, sauf un.

Le mien.

Où est-il, bon sang ?

Julien continue de réfléchir aux circonstances qui ont conduit à l'accident, en compagnie de Jacques Villeneuve. Ils sont en pleine discussion sur les possibles *scenarii*. Ils s'interrogent à voix haute. La voix de Julien est tellement détachée… Je l'entends dire qu'il espère que le pilote Haas n'a rien, bien sûr, mais aucune émotion ne transparaît. C'est bête, ça me rassure un peu. Je pense que s'il ne craque pas, c'est parce qu'il en sait plus que moi, et qu'il ne va pas tarder à nous annoncer que tout va bien. Il ne pourrait pas commenter la mort de son pote en direct. Certainement pas lui, après tout ce que nous avons vécu ensemble. Je me souviens encore de cette nuit folle au cours de laquelle nous avons déménagé les affaires de Romain, quand il a quitté la Suisse pour venir s'installer à Paris, chez moi, en 2010. Nous avions loué une camionnette, et avions roulé jusqu'à l'aube, tous les trois. Julien rentrait à peine du Grand Prix de Chine. Il était épuisé, mais avait partagé avec nous mille et une histoires. C'est un conteur né ! Nous avions tellement ri… Je ne sais pas pourquoi j'y repense ; c'est absurde.

Julien est celui qui m'a emmenée à Chamonix le jour de notre mariage. J'étais en retard, et j'imaginais Romain attendre devant la mairie, sans doute exaspéré par mon manque de ponctualité. J'ai achevé la préparation du maquillage et de la coiffure dans la voiture, à la hâte. On en reparle encore parfois, et on en pleure d'allégresse.

Il était en charge de ma robe de mariée. Je ne me rappelle même plus pourquoi c'était à lui que je l'avais confiée ! Nous devions dîner ensemble la veille au soir, mais il est arrivé bien après l'heure dite, vers 23 heures, au terme d'un trajet sur l'autoroute chargé en péripéties. Il a toujours des aventures folles à raconter.

— Si tu savais ce qui m'est arrivé après avoir quitté Paris, m'a-t-il dit quand il m'a finalement rejointe. Tu ne vas pas y croire, c'est complètement dingue.

— On s'en fout ! T'as ma robe ?

La robe ! Il n'y avait évidemment plus que ça qui importait à la future Mme Grosjean !

Encore une source intarissable de raillerie entre nous, comme si nous en avions besoin pour forger davantage notre amitié déjà solide.

Quel souvenir drôle et tendre, évoqué dans ces circonstances si abjectes.

Julien.

C'est juste pour vous dire que j'ai toujours compté sur lui, jour et nuit ; et je vous souhaite les mêmes rencontres sur le chemin de votre vie.

Romain

Je suis bloqué dans les flammes, et je suis le seul à pouvoir me sauver. Ce n'est pas une question de courage, c'est une question… de vie ou de mort. Personne ne viendra à mon secours.

Je vais faire une nouvelle tentative pour m'extraire de ma monoplace, en faisant pivoter mon corps ; j'ai l'impression qu'il y a peut-être un infime interstice, mais mon pied gauche est coincé sous la pédale de décélération et m'empêche de me hisser correctement. Rien de surprenant : les freins se sont bloqués au moment du choc.

Je n'ai donc pas le choix : il va falloir que je me rasseye dans le brasier pour dégager ma jambe. C'est une décision difficile à prendre. Replonger dans le cercueil qui m'est destiné.

Une décision difficile à prendre.

C'est stupide. Comme si le champ des possibles s'offrait à moi.

Marion

Je me rends compte que mon téléphone ne sonne pas. Étrange. Je reçois toujours beaucoup de messages pendant les courses.

Mon beau-père brise alors le silence :

— Il nous faut des nouvelles.

— Kim… murmuré-je.

Kim Keedle. Le physiothérapeute de Romain. Il l'accompagne sur tous les Grands Prix. Kim est jeune ; australien ; et surtout formidable. Un soutien comme on en a rarement dans ce milieu. J'ai confiance en lui. Je sais qu'il ne laissera jamais Romain se débattre tout seul là-bas. Il ne l'abandonnera pas. Il est forcément avec lui.

Je lui envoie aussitôt deux mots par WhatsApp. Avec l'application, je saurai immédiatement lorsqu'il les lira.

Tell me.

Dis-moi.

Ce sont les deux seuls mots que je lui envoie, et j'attends. J'essaie de tranquilliser Christian.

— Tant que Kim n'a pas lu le message, c'est qu'il n'a pas d'information. Il doit être occupé à rejoindre Romain, alors on ne peut pas tirer de conclusion…

Mon beau-père le sait bien, mais il ne répond pas, par délicatesse. Il doit comprendre que c'est surtout moi que j'essaie de rassurer à voix haute.

— S'il le lit et s'il ne répond pas, poursuis-je, ça, en revanche, c'est mauvais signe. Ça veut dire qu'il ne sait pas comment nous dire que…

Mais non.

Là, il ne l'a pas lu. Donc on ne sait pas. On ne sait pas.

Romain

Il faut que je me batte. Il faut que j'essaie, jusqu'au bout. Je tire de toutes mes forces, comme un fou, prêt à arracher ma jambe du reste de mon corps si nécessaire. J'y laisserai la chaussure, avalée par le brasier qu'est devenu mon cockpit, mais mon pied est libéré.

Hélas, c'est loin d'être terminé. Pour me tirer vers le haut, je dois m'aider de mes deux mains, et les plonger dans les flammes qui m'encerclent. J'ai conscience de le faire, au moment où je les pose de part et d'autre de la coque, mais c'est ma seule chance de survie. Instantanément, mes gants rouges deviennent noirs, je les vois bien. Je sens la douleur. Je sais que je suis en train de brûler vif. Je m'en rappellerai tout le reste de mon existence. Mais... lorsque je ramène mes jambes contre moi pour me propulser debout ; lorsque le buste passe par l'infime espace qui me reste et lorsque je m'extrais du siège, c'est la délivrance.

Je vais vivre.

Je vais vivre pour mes enfants.

Je vais les voir grandir. Je vais pouvoir les serrer dans mes bras. Les embrasser. Les étouffer d'amour. Plus rien ne sera jamais pareil ; je le sais déjà.

Je passe la barrière, et sens brusquement quelqu'un m'empoigner. C'est le docteur Ian Roberts qui tire sur ma combinaison pour essayer de m'aider à m'éloigner du feu. Il me guide et m'ordonne aussitôt :

— Assieds-toi.

Il doit sûrement penser que j'ai une commotion cérébrale ; il n'en est rien. Je l'agonis d'injures, le pauvre ! J'ai l'impression qu'il me parle comme à un crétin. J'ai le réflexe de détacher ma montre Richard Mille (intacte !) et mes gants, qui sont en train de fondre sur ma peau. Le docteur Roberts veut que je m'allonge, que je sois évacué sur civière, mais je refuse. Je suis parfaitement lucide. Je sais que l'hélicoptère qui survole la scène de l'accident n'en perd pas une miette. Et je veux qu'il me filme debout, marchant, vivant, pour rassurer ma famille. Malgré la douleur. Je ne pense qu'à ça. Que les miens sachent que je vais bien.

Marion

J'attends, téléphone en main. Je continue d'écouter Julien attentivement. Il n'y a plus que sa voix qui compte. Si c'était grave, je le saurais, en l'entendant. Je le saurais. Pourtant, j'ai bien conscience que Julien n'est pas sur place. En raison de la crise sanitaire, il n'a pas pu se déplacer sur le moindre Grand Prix cette saison. Il est en cabine, à Boulogne-Billancourt, avec Jacques, et continue de dialoguer avec lui, d'un ton monocorde. Il émet ses propres doutes quant à l'implication de tel ou tel pilote, alors que l'on découvre Romain à l'écran, le visage blafard. Je me dis que c'est une image qui a été prise avant l'explosion ; que le réalisateur ne sait plus quoi diffuser, et qu'il a choisi de remontrer une séquence filmée probablement avant qu'il ne monte dans sa monoplace. Pourtant, je finis par comprendre, avant Julien, que non. C'est du direct. C'est une image en direct. C'est…

Il est vivant.

Je hurle.

Il est vivant.

Mon beau-père s'assied. Je n'en sais pas davantage, mais j'ouvre la porte de la salle cinéma et me rue dans l'escalier, en criant très fort, pour mes enfants autant que pour moi-même :

— Papa va bien ! Papa va bien ! Tout va bien ! Papa va bien !

Sacha, Simon et Camille se précipitent vers moi.

— Quoi ? me demandent-ils, sans comprendre la portée de mes mots.

— Papa… Il est sorti de la voiture ! Il va bien ! Prenez votre goûter mes chéris, tout va bien. Tout le monde va bien.

Je redescends aussi vite que je suis montée, laissant de nouveau mes trois petits, interloqués, la figure barbouillée de chocolat.

Romain

Quand j'y repense, je me demande comment j'ai pu accepter que ce soit la fin.

Comment ai-je pu croire que j'allais finir mon existence brûlé vif dans ma voiture ?

Évidemment, la mort, on y pense forcément quand on fait un métier à risque. Avec Marion, quelques semaines auparavant, on avait même établi un bilan de nos finances. Qu'elle sache comment gérer, s'il m'arrivait quelque chose. Ça n'a rien d'exceptionnel ; on le fait chaque année, au moment de revoir mes contrats d'assurance. J'ai porté le cercueil de Jules. Le sport automobile est dangereux, on le sait bien. Ce n'est pas anodin, à nos âges, de porter le cercueil d'un collègue, d'un confrère, d'un ami.

Je n'ai pas conscience que je passerai vingt-sept secondes dans le brasier de ma voiture. Dans mon échelle de temps, tout a paru beaucoup plus long ; j'ai pu tout analyser, je me souviens de tout, dans les moindres détails. Tout ce que j'ai fait, tout ce que j'ai pensé. Nous sommes conditionnés, surentraînés pour avoir les réflexes les plus affûtés possibles. Pour anticiper en cas d'accident ; pour être les meilleurs à l'extinction des feux rouges au départ. Tout est calculé.

Pourtant, même si c'est clair dans ma tête, ma vision est déformée par le nombre d'informations que je dois assimiler. J'étais actif dans ma monoplace, et sur le moment, je ne réalise pas l'ampleur de l'accident. Je comprends bien qu'il y a le feu, mais je n'imagine pas l'explosion. Je ne l'entendrai même pas, comme je vous l'ai dit. Je crois que mon cerveau a fait le tri et hiérarchisé les priorités pour me sortir vivant des flammes. Pour m'éviter de céder à la panique. C'est en partie ce qui m'a sauvé la vie. Ça, et une succession de miracles !

J'explique au docteur Roberts que j'ai les mains brûlées et un pied cassé. Mes expériences passées me permettent d'établir mon propre diagnostic ! Ian m'incite alors à m'asseoir dans la voiture médicale ; celle qui suit les monoplaces dans le premier tour de course. Elle est arrivée très vite sur le lieu de l'accident, et *a posteriori*, j'aurai des remerciements à formuler auprès de celui qui l'a imaginée et mise en place dans les années 1970 : le docteur Jean-Jacques Issermann. Parenthèse incroyable : je le connais ! Et je le mentionne avec émotion car j'entretiens des liens étroits avec lui. Cet exceptionnel médecin français exerce toujours en région parisienne, à… quatre-vingt-dix-huit ans ! C'est dire la passion qui l'anime. C'est dire ce qu'il a apporté à notre sport. Et il a lui aussi contribué, à quelques milliers de kilomètres de là, à me sortir du brasier.

Sur le tarmac, le docteur Ian Roberts et moi observons un gonflement sur mon pied gauche, de la taille d'une balle de tennis. C'est vraiment impressionnant, et presque ce qui m'inquiète le plus ! J'attends que l'ambulance arrive et tiens à marcher jusqu'à elle, pour montrer au monde entier que je suis vivant. Enfin, devant l'insistance du personnel pour que je m'allonge à l'arrière du véhicule, je finis tout de même par obtempérer ! À partir de ce moment-là, je resterai alité jusqu'au lendemain.

Placé sous masque à oxygène, il me faut de la morphine, car ma jambe gauche me fait un mal de chien. On me pose une minerve, et je suis transporté au centre médical, où tous les soignants me demandent comment je vais. Je sens alors une piqûre dans mon bras ; je pense qu'on m'injecte un antidouleur par intraveineuse.

Mon physio Kim et Stéphane Guérin sont là. Je leur lance, en blaguant :

— Là, je suis mal ! Je crois que cette fois, j'en ai pris une bonne !

Ils ne rigolent pas. À leur tête déconfite, je comprends qu'ils sont choqués, mais il est encore impossible pour moi de réaliser à quel point les images du crash sont traumatisantes. J'aimerais leur parler davantage mais ils n'ont pas le droit de m'approcher.

Je vois Jean Todt, et le médecin de la FIA. Jean me demande le numéro de Marion, pour l'appeler et la rassurer. C'est l'un des seuls que je connais par cœur. Il le compose sous mes yeux lorsque je lui dicte les chiffres, mais tombe sur son répondeur. Il laisse un message, avant de réessayer. Elle décroche, et je me sens immédiatement soulagé. Alors que Jean lui donne les premières nouvelles, je crie le plus fort possible à ses côtés :

— Moustique ! Je vais bien !

Je sais qu'il faut qu'elle m'entende. Têtue comme elle est, elle serait capable de ne pas croire Jean Todt lui-même ! Il y a du bruit autour de moi, mais je perçois ses pleurs, ses rires, l'intonation de sa voix. Jean me confirme qu'elle est avec mon père, et qu'elle va pouvoir transmettre les informations au reste de la famille. Au loin, à l'entrée du centre médical, j'entrevois Loïc Duval, et la télévision espagnole. Les médias sont là, et j'essaie de me redresser le plus possible pour qu'ils lisent sur mon visage la certitude qu'il ne faut pas s'inquiéter pour moi. Je veux les regarder dans les yeux pour leur faire comprendre que je suis serein. Je suis obsédé par l'idée de rassurer tout le monde.

Marion

Mon téléphone sonne enfin. C'est Loïc Duval. Loïc est sur place, il est consultant pour Canal +. Loïc est surtout un ami, il habite à côté de chez nous en Suisse, avec sa femme et leurs deux garçons. Nous avons des vies similaires, nous nous comprenons. Nos enfants ont presque les mêmes âges, et ils adorent jouer ensemble. Je décroche sans attendre.

— Marion… Je suis devant le centre médical…

Sa voix est sonnée. Je l'entends. Mais il a le courage de m'appeler. Je ne l'en remercierai jamais assez.

— Écoute… Je ne veux pas te donner de fausses informations, et je ne sais pas grand-chose. Mais il est vivant, et de ce que je vois ici, il a l'air d'aller bien. Je ne peux pas m'avancer, mais… je crois que ce n'est pas « trop » grave.

Quelle responsabilité est la sienne ! M'apporter les premières nouvelles, aussi calmement que possible. Loïc a été victime d'un accident terrible au Mans, il y a plusieurs années. Il a conscience de la violence pour les proches. Du traumatisme. Il m'explique avec précaution ce qui se passe, ce que j'ai besoin de savoir, sans me donner de faux espoirs. Je comprends ses mots, le poids de chacun d'entre eux. Alors qu'il tente d'être mes yeux et mes oreilles sur place, un numéro s'affiche en double appel. Je ne le reconnais pas et j'hésite à interrompre Loïc, car il est mon seul lien, pour le moment, avec Bahreïn. Qui d'autre pourrait être plus près ? Qui me téléphone avec un numéro que mon répertoire n'identifie pas ? Je finis par raccrocher avec le pilote et ami sans avoir le temps de basculer sur l'autre ligne, mais j'ai un message vocal. Je commence à l'écouter.

— Marion, c'est Jean Todt. Je suis avec Romain.

Je n'en entends pas plus ; mon portable sonne de nouveau dans ma main, et c'est le même numéro. Cette fois, je sais que c'est le président de la FIA.

— Allô ?

— Marion, reprend-il, c'est Jean Todt. Je suis avec Romain, c'est lui qui m'a donné ton contact. Je voulais te rassurer et te dire qu'il va bien.

Je respire très fort dans le combiné. Les mots sont coincés dans ma gorge. Je dois probablement haleter. Et c'est à ce moment-là que j'entends soudain, au loin, derrière Jean :

— Moustique ! Je vais bien !

La voix est claire.

Presque joyeuse.

Mon Dieu, ces mots-là.

Ils résonneront toute ma vie.

C'est la voix de mon mari que j'entends là.

Cette voix que je n'étais plus sûre d'entendre de nouveau.

« Moustique ».

Ce surnom ridicule dont il m'a affublée depuis tant d'années. Parce qu'il me répondait souvent « Tip top moustique » lorsque je lui proposais une visite touristique ou une activité à l'époque où nous vivions ensemble à Paris. Il l'utilise devant le président de la FIA, parce qu'il sait qu'en l'entendant, je comprendrai. Je comprendrai qu'il va survivre à ce qui vient d'arriver, et que nous aurons le reste de notre vie pour en guérir ensemble, quelles que soient les séquelles. Je ris et je pleure en même temps. Je me confonds en remerciements, je crois. Je raconterai n'importe quoi à Jean Todt. Je lui dirai même :

— On ira boire un coup ensemble !

Le président de la FIA est surpris par mon incohérence, et je me souviens d'avoir perçu le sourire dans sa voix. Il devait, lui aussi, se sentir soulagé par la tournure miraculeuse des événements. Jean Todt est un père. Et un passionné de sport auto. Il a souffert de la mort de Jules, qu'il connaissait très bien. Un court instant, ce n'est pas au président que je m'adresse, mais à l'homme, que je respecte tout autant. Et cet homme-là se tient aux côtés de mon mari avec bienveillance. Je lui suis reconnaissante d'avoir eu le réflexe subtil de m'appeler, et le savoir là-bas me soulage infiniment. Il saura gérer tout ce qu'il y a à gérer. Parce qu'il est sur place, je sais que Romain sera entre les meilleures mains possibles. Que tous les examens médicaux seront effectués par les meilleurs spécialistes. J'ai une confiance absolue en Jean Todt. Je sais qu'il s'occupera de tout.

Romain

Je quitte rapidement le centre médical en civière pour rejoindre l'hélicoptère et être transporté à l'hôpital militaire de Bahreïn, afin d'y subir les examens nécessaires. Le trajet me paraît très long, alors qu'il n'a pas dû durer plus d'une dizaine de minutes. Kim et Stéphane n'ont pas eu le droit de monter avec moi. Je suis seul à bord avec un médecin et un militaire.

Une fois à l'hôpital, je retire mon alliance pour la préserver des soins à venir. On vérifie l'état de mes poumons pour savoir quelle quantité de vapeurs toxiques j'ai pu inhaler. C'est l'un des nombreux miracles de ce 29 novembre : mes poumons sont intacts. Il est possible que je sois resté en apnée dans le brasier, mais je n'en ai aucun souvenir. Je ne me rappelle même pas d'une sensation de chaleur dans le cockpit ! Auprès de moi, il y a un médecin qui parle un anglais impeccable ; c'est lui qui m'explique tout ce que l'on va me faire subir. Le scanner, le cathéter, la radio du pied… Au moins une douzaine de personnes s'occupent de moi ! On aspire le liquide que j'ai sous les cloques des mains, et on les bande. J'apprends que je vais passer la nuit aux soins intensifs avec l'oxygène dans le nez et les deux mains en l'air. La minerve est retirée. Je meurs de soif ; on m'accorde dix millilitres d'eau que l'on m'administre à la seringue, mais rien de plus, je n'y ai pas droit. Je découvre que 3 % de mon corps sont brûlés au second degré. J'ai aussi une grosse foulure à la cheville gauche, et le plateau tibial enfoncé. C'est ce qui m'a fait le plus mal au sortir de la voiture, mais c'est désormais le cadet de mes soucis !

Kim et Stéphane me rejoignent, puis Jean Todt et le médecin de la FIA. Jean me dit, plein de malice :

— Alors ? Tu l'aimes, le halo ?

— Il n'y a que les imbéciles qui ne changent pas d'avis !

Le halo.

Le président de la FIA sait que je faisais partie de ses plus farouches détracteurs.

Instauré après la mort de Jules, il dénaturait, selon moi, les monoplaces, lacérant leur élégance. Bien sûr, j'en deviendrai alors l'un des plus fervents défenseurs ! Le halo m'a sauvé la vie. Et… Jules, par extension. Sans son accident, cet élément pour la sécurité des pilotes n'aurait jamais été introduit. Sans son accident, je serais mort, moi aussi, décapité. Très vite, depuis l'hôpital, j'enverrai un message à son papa. Nous serons liés pour toujours, lui et moi.

Le dimanche soir, ma priorité est de voir mes enfants et ma femme. J'attends d'achever tous les examens pour les appeler en vidéo.

C'est Kim qui doit tenir mon portable. Cet appel… Mon Dieu qu'il fait du bien. Ils sont tous là, dans la salle à manger. Marion, Sacha, Simon, Camille. J'aperçois même mon père derrière eux ! Marion et moi nous regardons, elle a les yeux humides. Je la connais par cœur. Elle essaie de tenir bon pour nos petits. Mes yeux s'embuent légèrement aussi. On a tellement de choses à se dire, à vivre encore ensemble… Mais ce n'est pas le moment. Je ne pense qu'à les rassurer. Les enfants m'abreuvent de questions, que je n'entends pas bien, et nous discutons quelques minutes de façon décousue, le sourire aux lèvres, jusqu'à l'arrivée de visiteurs dans ma chambre. Normalement, c'est formellement interdit, mais l'hôpital m'accorde un traitement privilégié, et j'en suis très reconnaissant. Entrent Ayao, Kevin Magnussen et Domdom, mon ingénieur. Lorsque Sacha et Simon réalisent que Kevin est à mes côtés, ils sautent de joie. Kevin Magnussen est passé voir papa à l'hôpital ! Ouah ! Ça veut dire que je suis quelqu'un d'important ! Ça veut dire, aussi, que papa n'est pas tout seul. Pauvre papa, qui va dormir sur un lit médicalisé…

Je raccroche pour partager un moment avec ces trois hommes inquiets et attentifs. Ils ne resteront pas longtemps, car je suis épuisé. Il doit déjà être 22 ou 23 heures. À des milliers de kilomètres, j'imagine que Marion couche les enfants. Il est deux heures de moins en Suisse, mais ils ont école le lendemain. Après s'être assurée qu'ils dorment tous, elle me rappelle, cette fois dans le calme. Et je l'entends qui craque. Il faut que je l'apaise ; elle pleure vraiment beaucoup.

— Je vais prendre un avion demain, me dit-elle.

— Non, moustique, ne t'en fais pas pour moi. La priorité, c'est les enfants. Il faut qu'ils aillent bien. Ils ont besoin de toi. Moi ça va. Vraiment.

— J'ai cru que tu allais mourir.

— Mais je ne suis pas mort. Je suis là. Je suis bien là, chérie.

Je la connais si bien que je peux presque sentir le sel de ses larmes qui coulent sans discontinuer.

— Assure-toi que les petits vont bien. Moi, je suis pris en charge à l'hôpital, et je ne pourrais pas être mieux traité. Je te le promets. Tout le monde s'occupe de moi. Il n'y a plus rien à craindre. C'est fini. Ça va aller maintenant. C'est fini. Prenez soin de vous. Je vous aime, mes amours.

Je ne sais pas si elle comprend que je la mène en bateau, mais je fais de mon mieux pour minimiser mon état ! Il faut qu'elle tienne le choc. Je n'ai toujours pas vu les images de l'accident, je ne peux pas comprendre à quel point c'est violent pour elle, mais je sais déjà qu'il faut que je lui mente sur ce qui se passe vraiment ; sur le traumatisme et sur ce que je vis depuis quelques heures. Elle n'est pas prête à l'entendre. Et ce n'est que le début de mon calvaire.

Marion

Après les premiers mots échangés avec Romain par l'intermédiaire de Jean Todt, mon téléphone se met à sonner sans s'arrêter. Des textos, des e-mails, des appels, des WhatsApp. Les messages affluent dans tous les sens. J'en reçois près de trois cents. Tout le monde veut des nouvelles, tout le monde s'inquiète pour nous. Parmi les premiers à me contacter, Philippe Bianchi, le papa de Jules. Il est l'un des seuls auxquels je réponds prioritairement. Ses mots me bouleversent. Sa sincérité. Sa tendresse. Je les lis dans la salle de cinéma, où les images de l'accident commencent à être diffusées en boucle. Je ne prête plus attention à la voix de Julien, je flotte sur un nuage. Pourtant, c'est là que je l'entends craquer, lui.

Mon Julien.

Il capte de nouveau toute mon attention. Sa voix s'étrangle enfin. Lui aussi recevra un message des Bianchi. Je comprends alors qu'il a pris sur lui pour tenir bon à l'antenne. Plus tard, il m'avouera qu'il n'avait de cesse de penser aux enfants ; il n'était pas sûr qu'ils ne soient pas devant la télé, et il ne voulait pas les affoler, le cas échéant. Je sais bien qu'il a donné le maximum pour se montrer le plus professionnel possible, avec autant de mérite que de réussite, mais il était tout aussi terrifié.

Terrifiée, terrorisée... Que sais-je encore ? Je n'ai pas su mettre des mots tout de suite sur mes émotions, parce que la peur me paralysait, et phagocytait tout. Lorsque nous découvrons la vidéo de l'impact, nous prenons enfin la mesure de l'horreur, Christian et moi.

Les enfants descendent. Ils demandent à entrer dans la salle. On leur en refuse l'accès. Simon entend la voix de Julien qui commente la sortie de Romain des flammes, et remarque, balbutiant, que son casque a brûlé.

Alors Simon, de l'autre côté de la porte, se met à pleurer.

— Le casque ! Pas le casque de papa !

Quelques semaines plus tôt, j'avais fait dessiner nos petits sur un casque blanc flambant neuf, que Romain devait bien porter à Bahreïn, mais pour le dimanche suivant, lors de l'avant-dernier Grand Prix. Ils en étaient tellement fiers ! Simon imagine alors que c'est ce casque-là qui a brûlé dans l'explosion. J'ouvre la porte, prends mon fils dans les bras pour le rassurer, et le tiens dos à l'écran, pour être certaine qu'il ne voie rien.

— Mais non, mon chat… Ne t'inquiète pas ! Ce n'est pas le casque que vous avez décoré… C'est un autre ; un vieux… Le vôtre est parfait. Tout va bien, mon amour.

Je sors Simon de la salle de cinéma, et Sacha me demande pourquoi, si papa va bien, ils n'ont pas le droit de voir ce qui est arrivé. Ils n'en ont jamais été interdits jusque-là, et j'ai peur d'un choc.

— Parce que l'incendie n'est pas très joli, mon cœur. Peut-être que tu en parleras avec papa quand il rentrera, s'il veut te le montrer, mais ce n'est pas à moi de décider. Tu sais, c'est comme quand on passe devant un accident sur la route. Je vous dis toujours qu'il ne faut pas regarder… Eh bien là, c'est pareil.

Valérie entraîne de nouveau les enfants pour qu'ils aillent jouer dans la salle de jeux. Ils n'opposent pas de résistance, heureusement. J'ai besoin de reprendre mes esprits, de comprendre ce qui vient de se produire pour pouvoir trouver les expressions les plus justes pour eux. Pendant 2 minutes et 43 secondes, je n'étais pas sûre qu'ils revoient leur père vivant. J'ai besoin de souffler, mais aussi de savoir par quoi Romain est passé.

Le téléphone sonne toujours, sans cesse. J'essaie de répondre aux proches, mais je n'arrive pas à tout gérer en même temps. D'un œil, je vois que la voiture a été coupée en deux, que le rail s'est ouvert.

C'est insensé.

C'est complètement insensé.

Mon beau-père restera dans la salle de cinéma pour assister au second départ du Grand Prix, qui se disputera malgré tout, sans Romain. Je crois qu'il est KO, et il vaut mieux qu'il reste assis encore un moment. Moi, je finis par remonter. Je ressens l'urgence de serrer mes enfants contre moi, et les rejoins dans le salon. Ensemble, accroupis, nous discutons.

— Papa a eu un accident, vous l'avez compris, mais il va très bien. On va sans doute vous en parler à l'école, alors vous pourrez expliquer aux copains que votre père est un super-héros. Sa voiture a un peu brûlé, mais lui, il est sorti des flammes.

— Il a volé au-dessus de l'incendie ? me demande Simon.

— Oui, mon chat, papa a volé au-dessus de l'incendie.

Romain et moi n'avons pas encore communiqué, mais je n'ai pas besoin de me concerter avec lui pour savoir que l'amour de ses enfants l'a porté lorsqu'il se battait pour sa survie. Je n'en ai pas le moindre doute. Sans qu'il me l'ait dit, c'est bien ce que je leur explique déjà. N'avons-nous pas été toujours sur la même longueur d'onde, lui et moi ?

— Il faut que vous compreniez, mes chéris, que vous avez aidé à sauver papa de la voiture. C'est votre amour qui l'a protégé. Alors bravo à vous !

Assise en tailleur sur le tapis du salon, je les applaudis, avant de reprendre :

— Vous avez des pouvoirs magiques, vous savez...

Sacha et Simon s'interrogent fièrement. Quel superhéros autre que papa, aurait réussi à s'extraire d'une monoplace en feu ? Batman peut-être, car sa combinaison est très résistante... Mais Superman n'aurait eu aucune chance, ils en sont certains. Camille écoute et opine du chef sans en perdre une miette.

— Notre amour, alors, c'est comme un bouclier de chevalier, maman ?

— Oui, Simon. C'est comme un bouclier.

— Parce qu'on est dans le cœur de papa ? C'est ça ? C'est son cœur qui a fait bouclier ?

J'ai envie de pleurer, mais je me contente de caresser les cheveux de mon « grand » petit bonhomme. Combien de fois leur ai-je expliqué que même si leur père se rendait seul sur les Grands Prix, nous étions toujours avec lui, dans son cœur ? Combien de fois leur ai-je dit que nous étions toujours tous à bord de la voiture qu'il pilotait ? Ils ont grandi avec cette idée-là. Le fait qu'ils aient pu l'aider à traverser les flammes, à des milliers de kilomètres, ne leur paraît pas si invraisemblable, finalement.

— Heureusement que c'est arrivé à papa, et pas à Lewis Hamilton... Parce que lui, il n'a pas d'enfants. Il ne s'en serait pas sorti.

Je souris encore, en repensant à cette discussion. Je hoche la tête pour approuver mon fils.

Tout lui paraît normal, puisque l'on s'aime. Il n'y a rien d'extraordinaire à ce que cet amour nous porte et nous sauve.

Pourtant, moi, je sais bien que cela ne suffit pas toujours. Ne suis-je pas une adulte responsable ? Et je m'en veux brusquement. J'ai entendu Loïc Duval s'ébahir devant la dextérité avec laquelle Romain est sorti du brasier. J'ai remarqué tout de suite qu'il ne portait plus sa chaussure gauche, même si personne n'y a fait attention. À l'antenne, Loïc a expliqué à quel point Romain avait une condition physique exceptionnelle.

— À vélo, j'ai du mal à le suivre. C'est une mobylette, arrive-t-il même à plaisanter au micro de Laurent Dupin.

Et moi, je repense à toutes ces fois où je l'ai fait culpabiliser de partir à la gym pour son entraînement. Ses heures de sport… elles aussi, lui ont sans doute sauvé la vie. Merci, chéri, de m'avoir tenu tête aussi souvent, pour aller gainer tes muscles d'acier !

Le temps passe. Je garde mon téléphone à la main. Kim me dit qu'il est à l'hôpital, et il me promet qu'il organiserait un appel vidéo dès que possible. Il me confirme que tout a l'air d'aller bien, qu'il n'est pas grièvement blessé. Qu'il a mal à la jambe gauche. Qu'il est probablement brûlé aux mains.

J'attends. Les enfants vont au bain. Je continue à recevoir des messages, je n'arrive pas à tous les lire. Je pense qu'il faut que je rédige un e-mail pour les écoles, mais les directeurs et instituteurs ont anticipé, et m'ont déjà envoyé des messages attentionnés. Les parents des copains de classe aussi. Tout le monde est prêt à me soutenir, à m'aider. Ça fait beaucoup de bien.

La sonnette du portail retentit. Je suis surprise, et regarde la caméra de surveillance. Gaëlle Duval s'y présente. La merveilleuse Gaëlle Duval, la femme de Loïc. Elle est sans doute l'une des seules à pouvoir savoir ce que je ressens. Elle est passée par là, elle aussi, bien des années plus tôt, après le terrible accident de Loïc au Mans. Je lui ouvre la porte et tombe dans ses bras. Nous pleurons toutes les deux, plusieurs minutes.

— Qu'as-tu fait de tes fils ? lui demandé-je en essuyant mes larmes.

— Je les ai laissés à nos voisins. Je voulais m'assurer que tu allais bien.

J'ai beaucoup de chance de l'avoir comme amie. Nous n'avons pas besoin de nous parler longtemps ; il me suffit de la voir pour aller mieux. Elle repart aussi discrètement qu'elle est venue, et moi, je me sens plus légère.

Il va falloir que je prépare quelque chose à manger, ce sera bientôt l'heure du dîner. Où est Romain ? Où en sont ses examens ? Pourquoi est-ce si long ? Mon beau-père et son épouse sont toujours là. Je sais que Christian veut aussi voir son fils en chair et en os en vidéo, avant de rentrer chez lui. Je lance une casserole d'eau pour faire cuire des gnocchis. Les enfants adorent ça, ça ira très bien.

Enfin, le téléphone sonne, et c'est son numéro qui s'affiche. Mon Dieu, la délivrance.

— Les enfants ! C'est papa !

Je hurle pour rassembler autour de moi ma petite troupe. Je prends Camille sur les genoux, tandis que Sacha et Simon se tiennent à mes côtés. Je décroche, et il est là, face à nous, allongé dans son lit d'hôpital. Il nous regarde. Il sourit. Il essaie en tout cas ! On ne se parle pas tout de suite. On se contente de respirer ensemble, simplement, à l'unisson. C'est déjà énorme. Je pleure en silence et j'observe ses yeux humides également, mais il triche pour ne pas inquiéter les enfants. Je vois bien qu'il triche. Il y a du monde autour de lui ; Kim est là. Je sais que c'est lui qui tient le téléphone portable. Sacha et Simon abreuvent leur père de questions.

— Qu'est-ce qui s'est passé ?

— Ta voiture a explosé ?

— T'as volé au-dessus des flammes ?

— Elle est comment ta chambre ?

— Kim est avec toi ?

— Tu restes combien de temps à l'hôpital ?

— Mais après, tu rentres à la maison ?

— Ils vont te préparer à manger ?

— Tu as vu qui a gagné la course ?

— Et ton casque ? Il est vraiment tout brûlé ?

— Quelle heure il est, chez toi ?

Lorsqu'Ayao, Domdom et Kevin entrent dans la chambre de Romain, nos fils exultent. Kevin Magnussen est là ! Quelle chance il a, papa, que Magnussen vienne le voir ! Nous raccrochons le téléphone. J'ai besoin de laisser couler mes larmes, alors je prends le premier prétexte venu :

— Les enfants, je descends au sous-sol pour lancer une tournée de linge dans la buanderie, et après, je vous prépare vos assiettes.

Je quitte le salon sans entendre que Sacha me suit. Il y a une salle de jeux juste à côté de la machine à laver, et il emprunte le même chemin que moi pour aller y jouer. Il saisit ses petites voitures, celles avec lesquelles il organise d'interminables courses sur un tapis (« Les 24 Heures du monde » !). Puis, il me demande de sa petite voix si sérieuse :

— Ça va, maman ?

Je sursaute.

Sacha. Mon grand. Mon trésor. Mon si intelligent, si sensible Sacha. Si fin dans la lecture des émotions. Si attentif aussi.

— Bien sûr, mon chat, tout va très bien. Mais c'est à toi que je dois demander ça ! C'est moi, la maman ! C'est moi qui dois m'inquiéter. Comment vas-tu, toi, mon amour ?

Il me regarde, l'air serein.

— Oh moi ? Ça va super bien ! Avant de voir papa en vidéo, j'avais un peu peur qu'il ne soit plus jamais le même. Qu'il soit tout brûlé sur la figure, ou un truc dans le genre, mais maintenant que je l'ai vu, tout va bien.

Il n'attend même pas que je lui réponde. Sur ce court échange, il file se plonger dans sa course de voitures. Il ne se soucie de rien d'autre, et je sais que je ne dois pas m'angoisser pour lui. Il me le dirait, si quelque chose le tracassait. Il me parle toujours de tout ce qui lui passe par la tête. Une seconde, l'idée de ne pas emmener les enfants à l'école le lendemain me traverse l'esprit, mais je la repousse très vite. Je leur fais confiance, et ils ne doivent pas déroger à leur routine. Le moindre changement pourrait, au contraire, les inquiéter au lieu de les préserver. Sauf s'ils font des cauchemars, bien sûr, mais ils n'en feront aucun.

J'écrirai plus tard, sur les réseaux sociaux :

Une fois que l'on a dit les mots urgents, les mots utiles, pour protéger nos enfants, les autres manquent pour nous-mêmes. Heureusement, les boucliers d'amour sauvent les super-héros.

Les gnocchis sont trop cuits. Vraiment trop cuits. Ils se transforment en purée, mais par politesse, Christian et Valérie ne disent rien. Ils se contentent de manger avec les enfants. Moi, je ne peux rien avaler. Je suis prête à vomir à tout moment. Avec bienveillance, ils insistent un peu pour que je me prépare une assiette, mais je refuse. Ils comprennent que j'ai besoin d'être seule, je crois, et partent, non sans m'avoir serrée chaleureusement dans leurs bras.

Je couche mes petits, à la même heure que d'habitude. Il est 20 heures. Puis, j'essaie de rappeler Romain, et parviens à le joindre sans attendre. Enfin ! Nous pouvons échanger par téléphone, sans personne, juste lui et moi. Je craque. Une vraie madeleine. Il me rassure, me ment, trouve les mots que j'ai besoin d'entendre à ce moment-là. Il est formidable. Je suis prête à partir à pied pour Bahreïn s'il le faut ! Mais c'est lui qui me freine. Les enfants d'abord. Il a tellement raison.

Après avoir raccroché, j'appelle mes parents, pour leur donner les dernières nouvelles. Puis, je me mets à errer dans le salon. Nous avons convenu que je n'irais pas sur place dans l'immédiat, car la priorité est de protéger Sacha, Simon et Camille. Je dois être certaine qu'ils vont bien. Je m'installe à l'ordinateur ; réponds par e-mail au personnel des écoles pour leur demander d'être bien vigilants dans les jours à venir. Je téléphone à ma sœur, mon frère. Julien. Les meilleurs amis. Il n'est pas pensable d'aller me coucher. Je prépare les affaires du lendemain pour l'école. Et je note qu'il faudrait que j'aille acheter le journal *L'Équipe*. C'est stupide d'y songer. Déformation professionnelle sans doute. Je ne sais pas.

Je commence à faire défiler les messages. Je me rends compte que j'en ai reçu un de la ministre des Sports, Roxana Maracineanu, particulièrement touchant. Je lui réponds et évoque les difficultés pour mes parents à venir me rejoindre, en plein confinement. Ils habitent en Normandie. Le ministère est prêt à les exempter, si nécessaire, au vu des circonstances exceptionnelles. Mon beau-père m'a aussi proposé que son épouse reste dormir à la maison, pour m'aider avec les enfants, mais j'ai refusé. En fait, je ne veux plus voir personne. Je veux être seule avec mes petits. Juste eux, et moi. Je veux que le téléphone cesse de sonner. Et pourtant, je lis avec tellement de plaisir les messages qui affluent… C'est très paradoxal. Celui de Kevin Magnussen me bouleverse. Il se confie sur l'échange qu'il a eu avec Romain à l'hôpital. Il est le premier à m'expliquer que les enfants et moi l'avons aidé à sortir de la voiture en flammes. Je le remercie du fond du cœur ; l'avoir vu au chevet de leur papa signifiait beaucoup pour Sacha et Simon.

Je rédige enfin quelques lignes à l'attention de Mintu Raïkkönen, la femme de Kimi, qui m'a envoyé tout son soutien. Charlotte, la compagne de Charles Leclerc également. Entre femmes de pilote… Je sais qu'elles s'identifient, et je les comprends. J'aurais fait de même.

Je ne peux pas dormir. Je n'arrive pas à dormir. Petrus, notre chatte d'un an et demi, me tient compagnie. Les heures défilent ; je vais contempler mes enfants dans leurs chambres respectives. Leur sommeil, leur odeur, leur innocence, le moindre de leur mouvement opèrent comme un baume cicatrisant. Je remets Simon dans le bon sens du lit, sans le réveiller. À quoi rêve-t-il ? À quel super-héros ? À papa, peut-être ? Je pars ranger le linge ; jette un coup d'œil aux réseaux sociaux ; prépare le biberon de Camille pour le lendemain. Je mets la table du petit déjeuner. Je continue à lire les messages reçus et essaie de répondre quelques mots.

14

Le jour d'après

Romain

Le lundi 30 novembre au matin, je me réveille naturellement vers 6 heures. Je quitte les soins intensifs et suis transféré au service des grands brûlés. On me retire enfin l'oxygène, et je n'ai pas mal aux mains. Pas encore, en tout cas ! On doit défaire les bandages pour aspirer de nouveau le liquide sous les cloques, et je reçois très tôt une nouvelle visite inattendue : celle de Sebastian Vettel. Il est inquiet pour moi.

Seb est probablement le pilote dont je me sens le plus proche. Il mène la même vie que moi, avec ses trois enfants, et tient à la protéger le plus possible.

— Il faut que tu rentres chez toi, me dit-il, lorsque j'évoque mon envie de rouler à Abu Dhabi, pour l'ultime course du championnat.

Elle doit avoir lieu moins de deux semaines plus tard, et c'est vrai : j'y pense déjà.

Le pilote Ferrari ne comprend pas pourquoi je ne demande pas à être rapatrié. Je tente de le lui expliquer : je sais que c'est la fin de ma carrière, et je ne veux pas que ça se termine comme ça. C'est impossible. Le Grand Prix d'Abu Dhabi est supposé être mon dernier. Je dois y être. Honorer mon contrat et partir dignement. Pas sur un sordide accident. Je ne me rends pas encore compte de la gravité de mes blessures, ni de la durée nécessaire à ma guérison.

Je finis tout de même, en milieu de matinée, par visionner les images du crash. Je suis stupéfait. Enfin, je réalise à quel point j'ai survécu à un événement monstrueux. Je comprends mieux la réaction de ma femme ! Je l'ai au téléphone bien sûr, en ce lundi matin, et j'évoque aussi avec elle mon désir de rouler pour la dernière manche de la saison. Elle balbutie un peu, mais ne semble pas opposer de résistance. Il faut dire que j'essaie de minimiser la situation autant que je le peux. Elle ne sait pas encore que j'ai cru mourir. Elle ne sait pas quelles pensées m'ont traversé l'esprit. Elle ne sait pas que nos enfants m'ont sauvé.

De cette journée du lundi, je me souviens que ma principale préoccupation était de pouvoir continuer à utiliser sans souci mon téléphone portable ! Il n'y a pas de wifi à l'hôpital, et je suis très vite à cours de data. Il faut absolument que je me débrouille pour obtenir une carte SIM et communiquer avec l'extérieur. Entretemps, plusieurs visiteurs débarquent : le jeune pilote de F2 Louis Delétraz ; Kim et Stéphane. Je recevrai aussi, pendant mon séjour à l'hôpital, mes confrères Esteban Ocon et Alexander Albon. Lewis Hamilton voulait venir également, paraît-il, mais il est testé positif au Covid !

Je sais que les pilotes sont choqués. J'en discuterai avec beaucoup d'entre eux. Daniel Ricciardo a reproché à la production d'avoir diffusé en boucle les images violentes de l'impact, pour faire de la F1 un spectacle digne des plus grandes réalisations hollywoodiennes. Je comprends sa sidération, je la partage un peu. Certains ne voulaient même pas prendre le second départ de la course. D'autres, dont je tairai le nom, m'avouent que jusqu'à mon accident, ils n'avaient pas toujours enfilé leurs sous-vêtements ignifugés sous leur combinaison, pour être installés plus à leur aise dans la voiture. Ils sauront à l'avenir qu'ils peuvent jouer un rôle crucial !

Je finis par rire de cette incroyable expérience de vie. Je ne suis pas traumatisé. J'apprends que Kim avait débarqué au centre médical du circuit, quelques minutes après l'accident, avec un nouveau casque entre les mains ; au cas où j'aurais pu prendre le second départ ! Nous en plaisanterons ensemble… Le pauvre Kim était tellement sonné. Il a même essayé de me parler à la radio depuis le muret des stands, alors qu'il n'est pourtant pas autorisé à communiquer avec moi par cette voie. C'est la seule fois qu'il l'aura tenté ! L'image est drôle, mais ça me pique aussi les yeux. Je n'ose pas imaginer la terreur dans le garage. Les écrans de mes ingénieurs qui deviennent noirs. La télémétrie et toutes les données de la voiture qui disparaissent brusquement. Et le silence après l'impact. Ce silence épouvantable. Je ne suis pas traumatisé par l'aventure que j'ai vécue, mais par ce que j'ai infligé à ceux qui m'aiment. C'est d'une telle violence… Je pense à mes enfants, bien sûr, mais aussi à tous les enfants qui regardaient la télévision ce jour-là. Aux proches de mes concurrents, qui ont dû refaire le scénario mille fois en s'imaginant à notre place. Aux fans de F1, aussi, d'une manière plus large.

Je suis élu pilote du jour par les internautes. Ça me fait plaisir, aussi bête que cela puisse paraître. Marion et moi avons un couple d'amis, en région parisienne, qui ont deux garçons presque du même âge que les nôtres. Lorsqu'il apprend ce succès d'estime, l'un des deux demande :

— Ouah ! Qu'est-ce qu'on gagne quand on est élu pilote du jour ?

Le second répondra, en référence à mes énormes bandages :

— Ben… Les mains de Mickey !

L'expression restera, et me permettra de mettre de jolis mots sur cet abominable accident, et ses conséquences physiques. Les mains de Mickey. Il est vrai que j'ai une sacrée couche de pansements particulièrement suintants ! Comment ne pas effrayer mes petits ? Je leur parle le plus possible, dans des appels vidéo le lundi, matin et soir, avant et après l'école. Marion est là pour répondre à toutes leurs questions, et je leur explique que je vais sortir de l'hôpital dès le mardi.

Je ne sais pas encore ce qui m'attend. Je ne sais pas encore que le pire arrive.

Marion

À 7 h 30, le lundi matin, je réveille les enfants. C'est l'heure de se préparer pour aller à l'école. Ils ont bien dormi, mais leurs premières pensées vont vers leur père.

— Papa est toujours à l'hôpital ?

— Comment il va ? Il a dormi là-bas ?

— Papa a un bobo ? demande même Camille qui, du haut de ses presque trois ans, n'a pas encore tout compris.

Sabrina, la jeune femme qui s'occupe de l'entretien de la maison chaque début de semaine, arrive vers 7 h 45, discrètement. Elle pénètre dans la cuisine et me dit tout bas :

— Je me suis levée plus tôt pour aller acheter le journal *L'Équipe* et te l'apporter. J'ai pensé que tu voudrais peut-être le lire…

Les enfants sont montés à l'étage, et moi, je fonds en larmes. Sabrina aussi. Son geste est d'une délicatesse renversante. Comme si elle avait lu dans mes pensées ! Avec les années, elle est devenue bien plus qu'une employée pour notre famille. Ensemble, nous aidons les enfants à s'habiller, puis Romain nous appelle. Nous lui parlons tous de manière la plus légère possible. Il semble aller bien, et rassure ses troupes.

— Travaillez bien, les amours. Bonne journée. Je vous aime.

Je sais que je l'aurai un peu plus tard au téléphone pour avoir plus d'informations, bien sûr, mais là, c'est l'heure de l'école. Tandis que Sabrina se charge d'emmener Camille, je prends Sacha et Simon, pour pouvoir échanger avec leurs institutrices avant l'entrée en classe. Tout le monde a été briefé ! Elles se montrent très attentives. Sacha prendra la parole devant ses camarades pour expliquer l'accident de papa, et il passera la journée avec eux à préparer un grand poster de « prompt rétablissement ». Il est accroché dans notre bureau depuis.

De retour à la maison, j'envoie un message à Jean Todt pour le remercier. Sabrina me prépare un thé avec une petite collation, et je réalise que je n'ai rien avalé depuis le déjeuner, la veille. J'ai de nouveau Romain au téléphone. Il me ment, mais je ne le sais pas encore. Il me dit que tout va bien, qu'il doit sortir le lendemain de l'hôpital, et qu'il veut rouler à Abu Dhabi. Moi, je suis encore sous le choc, et épuisée par la nuit blanche. Je ne râle pas, je crois. Je ne lui ai jamais interdit quoi que ce soit ; ce n'est pas maintenant que je vais commencer ! On échange sur ses soins, ses brûlures. Il m'explique ce qu'il a appris. Il existe différents types de lésions, selon la source de chaleur, parmi les brûlures du second degré. Une brûlure d'un thé renversé n'aura pas les mêmes conséquences qu'une brûlure à l'essence. On arrive à en plaisanter :

— On va devenir incollable sur les brûlures, dis donc !

Les siennes font partie des pires. Des plus lourdes, et des plus douloureuses.

Je repense à ce livre qui m'avait tant bouleversée, il y a plusieurs années... *D'autres vies que la mienne*, d'Emmanuel Carrère. Il y narre, entre autres, l'histoire tragique d'une jeune mère de famille condamnée par la maladie. Il témoigne alors de la force dont ont fait preuve cette femme et son mari, pour tout mettre en ordre avant sa disparition. La manière dont ils se sont préparés au pire, au fil des mois, pour protéger leurs deux petites filles, pour qu'elles ne manquent de rien... Je me souviens avoir pleuré toutes les larmes de mon corps à la lecture de cet ouvrage, à l'aéroport de Barcelone, au soir d'un Grand Prix. Et je réalise soudain que Romain et moi n'avons jamais pris de dispositions en cas d'accident, autres que des dispositions financières pour ses assurances. Les plus importantes, celles du cœur, celles qui concernent les enfants, n'ont jamais été un sujet de discussion entre nous. Et je me demande si nous avons eu tort. Si nous devons nous en inquiéter. Cette seule pensée me donne le vertige.

Je ne vais pas très bien en ce lundi 30 novembre, mais lui et moi fonctionnons comme des vases communicants. Alors, il me répète que tout va aller beaucoup mieux très vite. Il a même regardé la vidéo de l'accident, sans être traumatisé ! La journée passe.

Jean Todt me répond. Je donne des nouvelles à la famille. Je vais chercher les enfants à l'école. Nous appelons papa par vidéo. Ils lui racontent ce qu'ils ont fait. Tout est presque *normal*. Romain a donc raison, ça va aller. Lorsque je me couche, le soir, je n'arrive pas encore à m'endormir, mais j'ai confiance. Tout finira par rentrer dans l'ordre. Je sais que j'irai mieux prochainement. J'ignore encore que c'est Romain qui va flancher.

Romain

Je ne sortirai pas le mardi matin, comme je le croyais.

Nous sommes le 1er décembre.

Tôt, on débande mes mains, pour procéder au « débridage ». C'est-à-dire que l'on retire la peau morte. Pour que vous compreniez mieux, et être plus précis : la peau morte représente l'entièreté de ma main gauche.

J'observe tout. Chaque lambeau qui se désintègre. Chaque centimètre carré de mon épiderme mort calciné. Une onde de choc m'envahit. On est en train de me scalper, là, j'en ai la pleine conscience. Les brûlures sont sérieuses. Les médecins m'annoncent que je ne peux pas obtenir l'autorisation de quitter l'hôpital, comme prévu. J'avais pourtant fait de gros progrès la veille au soir, en réussissant à faire quelques pas avec un déambulateur… Mais ce sont mes mains, évidemment, qui inquiètent le plus. Voir ma peau se désagréger et ne laisser à mes yeux que le spectacle d'une chair à vif est d'une violence inouïe.

Mes gants rouges qui deviennent noirs.

J'y repense. Ce n'est pas un simple cauchemar. Je ne les ai pas imaginés. Tout ce qui m'arrive est bien réel.

J'appelle Marion et craque enfin.

Marion

Je suis dans la cuisine à 7 h 30 pour préparer le petit déjeuner, ce mardi 1er décembre, mais surtout, pour ouvrir la première case du calendrier de l'Avent avec les enfants. Comment l'oublier ? Ils l'attendaient avec tellement d'impatience ! Camille a un exemplaire Playmobil, mais les garçons ont la version Lego. Il y a des petites constructions, et bien sûr, ils veulent pouvoir jouer avec immédiatement. J'essaie de comprendre comment emboîter les minuscules pièces, les yeux encore ensommeillés, quand mon téléphone sonne. C'est Romain. Je décroche et appuie le combiné contre mon épaule pour pouvoir assurer le montage des Lego tout en conversant avec lui. Les enfants trépignent derrière moi, mais j'entends que Romain ne va pas bien.

— Ils m'ont scalpé la main, me dit-il.

Dans les miennes, les petits éléments de Lego ne s'imbriquent pas comme ils le devraient.

— Alors maman ? Tu y arrives ?

— Quoi ? Je ne comprends pas…

— C'est fini ? T'as construit le vaisseau spatial ?

— Ils ont retiré toute la peau sur ma main gauche.

Au téléphone, je perçois des sanglots. Dans la cuisine, les garçons sautillent et poussent des cris. Je n'ai pas encore pris de petit déjeuner, je n'ai quasiment pas dormi depuis deux jours, et j'essaie de me concentrer sur les informations que je reçois en même temps : les indications pour réussir le montage des Lego, et l'agonie de Romain.

— Les enfants, attendez, finis-je par balbutier.

Je sors de la cuisine ; il faut que j'écoute ce qui se passe là-bas. Mon mari m'explique brièvement ce qu'il vient de vivre. C'est terrifiant. Il finit par se ressaisir, et conclut, en balayant ses dernières larmes :

— Allez... Va t'occuper du petit dej. On se rappelle plus tard. Ça va aller. C'était juste... Un peu violent.

Nous raccrochons. Je tends les Lego aux garçons, et, entre deux cuillères de céréales, j'envoie un message à Romain.

Je vais regarder les billets d'avion pour venir. Les enfants vont bien.

Il me répond dans la seconde.

OK.

Il est temps.

Il est temps pour moi de me rendre auprès de mon mari. J'emmène Sacha, Simon et Camille à l'école. Je rentre à la maison et regarde les vols sur Internet. Aller à Bahreïn de Genève, ce n'est pas si simple... Surtout en ces temps de Covid. Je préviens Sabrina, qui fait office de nounou quand c'est nécessaire.

— Est-ce que tu pourras te rendre dispo cette semaine si je dois m'absenter ?

Message similaire pour Valérie, la femme de mon beau-père. Je contacte aussi mes parents. Il faudrait qu'ils puissent venir. Que tout le monde se relaie pendant mon absence. Je sais que trois enfants, c'est compliqué à gérer !

En fin de matinée, Alain Prost m'appelle. Un coup de téléphone adorable ; juste, et élégant.

— Marion, me dit-il sincèrement. Je suis désolé. Je voulais te joindre hier et puis… Je n'ai pas pu. C'était trop difficile.

Je connais Alain. Je sais ce qu'il veut dire. C'est éprouvant pour lui aussi. Il a eu peur. Son existence a été jalonnée par le succès qu'on lui connaît, mais par tant de drames également. Il a vu des amis, des collègues, mourir en course les uns après les autres. Il s'est rendu à beaucoup trop d'enterrements. Et il est père d'un pilote, aussi. C'est bien assez pour être traumatisé à vie.

Nous discutons pendant un long moment. Alain est d'une intelligence rare, et il comprend ce que nous traversons, mieux que quiconque. Il a un coup d'avance. Lorsque l'on évoque la participation de Romain à Abu Dhabi, il me dit qu'il serait préférable que la décision revienne à ses médecins, car il ne serait peut-être pas en mesure de la prendre de manière lucide et détachée. Alain ajoute que finir sur cet accident n'est pas un échec ; Romain n'a pas à rougir de sa carrière. Rallier l'arrivée de sa dernière course avec une Haas récalcitrante au dix-huitième rang, ça ne changerait rien pour lui ; même si le quadruple champion du monde sait combien un pilote est un compétiteur dans l'âme, jusqu'à en meurtrir sa chair de manière irréversible. Jusqu'à en mourir.

Je prends contact avec la responsable des voyages au sein de l'équipe, pour connaître les formalités de déplacement pour Bahreïn, malgré les restrictions liées au Covid. J'appelle l'associé de Romain dans l'entreprise d'aviation privée, pour savoir s'il a des pistes pour partir le plus tôt possible. Je m'entretiens avec Valérie et Sabrina, pour organiser une potentielle rotation entre elles avant l'arrivée de mes parents. Je fais la liste de tout ce qu'il y a à préparer, et file faire quelques courses pour remplir le réfrigérateur afin que les enfants ne manquent de rien pendant mon absence. Sacha a une sortie scolaire jeudi, il lui faut un sac avec une liste d'affaires bien spécifiques. Il y a les livres à rendre à la bibliothèque également. Et Camille doit apporter un goûter en classe. Samedi matin, les garçons ont leur leçon de tennis à 10 h 30. Il faudra sortir du placard leurs raquettes et leurs gourdes. Leurs tenues de sport. Les gants, bonnets et écharpes. Noter sur un papier le poids de chaque enfant, si l'un d'eux a de la fièvre, pour pouvoir lui administrer du Doliprane. Je préviens l'assistante de notre pédiatre, qui n'habite pas très loin. Elle est adorable, et j'ai son numéro de portable direct, juste au cas où… Je ne sais pas combien de temps je vais devoir rester sur place.

Tout se précise. Il me faut un test PCR en urgence. J'appelle le laboratoire proche de chez nous à 15 heures. J'obtiens rendez-vous à 15 h 45, ce qui me laisse le temps minimum pour aller récupérer mes fils à l'école. Les vols sont réservés : Genève-Londres puis Londres-Bahreïn. Sabrina prendra le relais auprès des enfants le mercredi matin, puis des familles de copains de classe l'après-midi. S'ensuivront Valérie, et enfin mes parents, qui arriveront pour le week-end. Les petits seront bien entourés, par des personnes de confiance, qu'ils aiment. Qu'ils ne manquent pas d'amour… ça a toujours été mon obsession. Je peux partir, presque sereine, retrouver mon mari, non sans lui avoir envoyé un dernier message :

Je te demandais juste de sortir de la voiture, chéri. C'est tout ce que je voulais. Sortir de cette voiture en feu. Tu l'as fait. Tu en es sorti. Et tu avais raison hier… Tu m'as dit que ça irait. Bien sûr que ça va aller. Ça va forcément aller. Le reste, désormais, tout le reste, on le gérera ensemble, comme on l'a toujours fait. Tu n'es plus tout seul, mon amour. Tu es sorti de la voiture.

15

La lumière du jour

Romain

Trois jours se sont écoulés depuis le 29 novembre 2020, mais je sais déjà que l'événement a changé ma vie à jamais, même si elle reprendra forcément son cours « normal ». Très vite, un journaliste évoque une « seconde date de naissance », et j'aime assez l'idée. On ne sort pas indemne d'une expérience comme celle-ci.

Enfin, le mercredi 2 décembre au matin, j'obtiens l'autorisation de sortie de l'hôpital. Oh la chaleur et le soleil de Bahreïn ! L'air extérieur qui caresse mon visage... Quel soulagement ! L'équipe de Canal + est là ; je lui accorde une longue interview dans l'après-midi, après avoir accepté de confier mon témoignage au journal de TF1 la veille. Plus le temps passe et plus je me rends compte à quel point le monde extérieur est secoué par le « miracle

Grosjean » ! On cherche à mettre des mots, à trouver des explications, mais c'est délicat. Je répète mécaniquement les chiffres qui ont déjà été dévoilés. Je suis sorti de la piste à 192 km/h. J'ai subi 67 G, ce qui signifie qu'au moment de l'impact, mon corps pesait entre 3,5 tonnes et 4 tonnes.

La monocoque a bien résisté, je crois. Le casque, les vêtements ignifugés aussi. Quoi qu'il subsiste une faiblesse sur les gants, qui ont brûlé au même endroit sur celui de droite et celui de gauche. Je m'entretiendrai longuement avec la FIA car je veux collaborer pour améliorer la sécurité des pilotes en cas de choc aussi violent. Que mon aventure serve à d'autres ; qu'elle puisse éviter des drames, comme Jules l'a fait à ses dépens, pour moi.

Je découvre qu'ironiquement, je n'ai plus aucun *hater* sur les réseaux sociaux. Je suis devenu la nouvelle coqueluche d'Instagram, avec plus de quatre cent mille abonnés supplémentaires en moins de quarante-huit heures ! Je suis… *celui qui est sorti du feu* ; celui qui a survécu. On ne peut rien dire de négatif à cela, on ne peut pas le critiquer, et ça m'amuse, je crois.

À l'hôtel, j'échange avec tous ceux que je rencontre, à commencer par l'adorable fille de Kimi Raïkkönen. Elle doit avoir quatre ans à peine…

— Est-ce que tu as pleuré ? me demande-t-elle dans un anglais impeccable. Parce que moi, quand je me suis cassé le petit doigt, j'ai beaucoup pleuré, tu sais…

J'en souris.

Est-ce que j'ai pleuré de douleur ? Oui. Je n'ai pas honte de le dire. Et pourtant... ceux qui me connaissent savent combien je suis résistant à la peine physique. Seule la fièvre peut me terrasser ! On en a souvent plaisanté, avec Marion... Je suis capable de rouler avec une main cassée, d'encaisser 67 G sans broncher, de vivre avec deux hernies ou un disque dorsal écrasé... Mais un simple mal de gorge et 37,7 de température me mettent vite à terre ! Ainsi, que je puisse verser une larme sous la torture de mes brûlures, cela en dit long sur l'enfer que je traverse.

Enfin... Ça ne m'empêchera pas de rapporter dans une pharmacie l'Oxycodone délivré pour étouffer ma souffrance. Je veux m'en débarrasser immédiatement. L'Oxycodone est un puissant antalgique dérivé d'opioïdes, qui opère comme n'importe quelle drogue addictive. Or, j'ai toujours rejeté toute forme d'accoutumance. Ça m'effraie. Je me maudirai dans la nuit au pire de ma douleur, je le reconnais, mais tiendrai bon.

Avoir mal est signe que le peu d'épiderme qui me reste est vivant. Il travaille, recrée les terminaisons nerveuses dans un processus lent qui me pousse à l'agonie. Il faut en passer par là, et se montrer patient. Ma qualité première, je vous l'ai déjà dit !

Marion me rejoint le mercredi soir, enfin. J'ai froid, dans la chambre d'hôtel. Je monte le chauffage. Ma température corporelle est complètement déréglée, mais ça ne m'inquiète pas. Je suis content de voir ma femme. Je n'ai pas « besoin » d'elle, ce n'est pas une question de vie ou de mort. Cette question-là, je l'ai déjà réglée ! Besoin, non, mais envie, oui. C'est bon de la voir débarquer avec sa petite valise à roulettes. Je sais déjà qu'elle a dû y caler son fer à lisser les cheveux, et au moins trois paires de chaussures différentes, même si elle n'en utilisera qu'une. Je la connais par cœur. Je vois ses yeux humides, fatigués, et je sais ce qu'elle pense. Je sais qu'elle se dit : *J'aurais pu ne jamais le revoir.*

Oui, c'est vrai. Elle aurait pu ne jamais me revoir. Mais ce n'est pas le cas. Nous sommes de nouveau réunis. Alors je n'ai plus à lui mentir puisqu'elle peut me toucher, et vérifier par elle-même que je suis bel et bien vivant ! Elle en rit, m'explique qu'elle n'était pas certaine que ce soit vrai, même après toutes nos vidéos et nos appels des derniers jours. Il fallait qu'elle vienne voir le miracle par elle-même ! Il est 23 heures, nous manquons tous les deux de sommeil, évidemment, et j'ai rendez-vous pour mes soins à l'hôpital de bonne heure le lendemain matin. Mais nous avons beaucoup de choses à nous dire. Nous nous endormirons très tard, cette nuit-là.

Marion

Mardi soir, la veille de mon départ pour Bahreïn.

Comment me reposer ? Je prépare ma valise à la hâte, après avoir tout organisé pour les enfants. Je ne me souviens plus de ce que je dois y ranger. Probablement mon fer à lisser, et plusieurs paires de chaussures.

Romain râlera, mais il sait que c'est ce que je glisse en premier dans nos bagages. La nuit est tombée depuis longtemps, et tout est enfin prêt. J'ai laissé un long mot qui énumère toutes mes recommandations sur la table de la cuisine, à l'attention de Sabrina, pour préciser l'emploi du temps des trois petits. Je sais que chaque heure qui passe me rapproche du moment où je serrerai Romain dans mes bras, alors je vais bien. Je vais de mieux en mieux. J'ai même la force de visionner de nouveau l'antenne de Canal + ; de revenir sur ce qui s'est passé, et sur ce qui s'est dit ce dimanche après-midi-là. J'ai besoin de refaire le fil des événements. Deux jours plus tard, c'est encore d'une violence inouïe. Comment Romain n'a-t-il pas perdu conscience dans la voiture ? Je ne comprends toujours pas ce que je vois à l'écran. Le mot « miracle » n'est pas trop fort. J'observe les visages atterrés des consultants télé : Laurent Dupin et Loïc Duval. Des amis. Laurent était à notre mariage, on a travaillé ensemble longtemps. C'était mon voisin de bureau. Celui qui m'avait prédit en riant que j'épouserais Romain ! Il parle avec précaution, pudeur. Il a conscience que je regarde le direct. Il connaît mes enfants. Il sait que chacun de ses mots compte autant que les images que l'on veut bien nous montrer. Je vois qu'il est bouleversé. Je n'oublierai jamais son soutien indéfectible. Moi qui suis un petit soldat de l'antenne adverse, je remercie les équipes du service des sports de Canal + le plus sincèrement du monde.

À l'aube, dans l'avion entre Londres et Bahreïn, je me trouve par hasard assise à côté du père de Lando Norris. Nous ne nous étions jamais rencontrés, il me reconnaît pourtant facilement. Il me salue, hésite, et les larmes lui montent aux yeux. Il s'en excuse aussitôt.

— Je suis désolé, me dit-il. Je suis papa d'un pilote, et je n'ose pas imaginer ce que vous avez vécu…

J'ai presque envie de tomber dans ses bras, mais je me contente de lui sourire, à travers mon masque.

Au terme du voyage, Haas a tout organisé pour me faciliter l'accès à Romain. Dès l'atterrissage, on m'attend pour effectuer un nouveau test PCR, obligatoire pour pénétrer sur le territoire. Quelqu'un récupère ma valise, je monte à l'arrière d'une voiture qui file directement à l'hôtel. On m'escorte jusqu'à l'ascenseur, et je me dirige vers la chambre. Il y fait une telle chaleur ! Romain est gelé, il tremble presque. Moi, j'ai conscience que je respire enfin. Comme j'ai toujours respiré l'odeur de mes enfants, je respire désormais celle de mon mari.

16

À l'heure du choix

Romain

Jeudi, vendredi, samedi, dimanche. Tous les matins, je dois me rendre à l'hôpital pour subir les soins sur mes mains. Retirer les bandages. Tenter de remuer les doigts. Nettoyer les plaies. Désinfecter. Enduire de crème. Remettre des bandages propres. Marion tient à m'accompagner, et le premier jour, les médecins ont peur qu'elle tourne de l'œil lorsqu'ils enlèvent les pansements. Ça va… Elle gère plutôt bien ! Moi, je n'ai qu'une seule obsession : je veux rouler à Abu Dhabi. Il n'y a que ça qui compte. Je ne veux pas qu'on me prive de mon dernier Grand Prix en Formule 1. Je veux voir le drapeau à damier, même à la dernière place. Je sais que je ne serai pas le seul décisionnaire bien sûr, il me faut l'accord des médecins. Le personnel hospitalier sera d'ailleurs formidable ; grand coup de chapeau à eux. Ma prise en charge sera exceptionnelle tout au long de la semaine.

Dès le vendredi, l'un des docteurs m'explique que je ne serai pas en mesure de piloter pour la dernière course. Je refuse d'y croire. Il en discute avec Kim, et Kim fait le relais, alors que je m'obstine :

— Il n'y a aucune chance, Romain, je suis désolé.

Je suis tellement triste. Non seulement j'ai vécu un accident terrible, mais en guise de convalescence, on m'interdit également la pratique de ce qui m'aide et me motive le plus pour guérir. C'est impensable. À l'hôtel, je convoque Luke, le médecin de l'Hintsa Institute, qui est en charge de la santé d'une partie des pilotes. Je lui explique que je veux participer au Grand Prix, que je ne suis pas traumatisé, que je peux y arriver. Bien sûr, je ne suis pas stupide. J'ai mal, et je suis incapable de plier ma main gauche. Mais d'ici une semaine, j'aurai peut-être suffisamment récupéré… Sept jours, c'est encore long, non ? Je m'accroche à l'idée.

En théorie, je devais quitter Bahreïn pour me rendre à Abu Dhabi le lundi matin. Je me laisse donc jusqu'à la veille du vol, le dimanche, pour prendre une décision, selon l'évolution de mes blessures. Il faut laisser passer du temps. Une semaine complète depuis l'accident. Allez… Ça peut le faire. Je veux y croire.

Je contacte Meriem, ma psychologue, par téléphone. Elle me demande d'être particulièrement vigilant au moindre signe d'un choc post-traumatique, mais je n'en suis pas victime. Je veux me soigner par le rire, aux côtés de mes proches.

À l'hôtel, je pars jouer au ping-pong avec Kim, comme on en a l'habitude les week-ends de course, histoire de retrouver un semblant de rythme normal. Lorsque je rejoins Marion à l'heure du déjeuner, elle me demande machinalement :

— Qui a gagné ?

— Personne, réponds-je. On a fait une partie pour le plaisir.

Elle me regarde, autant amusée que suspicieuse.

— Quoi ? Toi ? Romain Grosjean ? Tu as joué pour le plaisir ? Sans faire de match ? Sans compétition ? Ça, c'est peut-être un signe de choc post-traumatique !

Plus sérieusement, je ne souffrirai d'aucun trouble. Aucun cauchemar. Je reconnais avoir eu un flash-back, plus tard, en début d'hiver, à la maison. Simon m'avait réveillé, je ne sais plus pour quel motif, vers 6 heures du matin, et je me suis subitement revu coincé dans la voiture. C'était très furtif. Puis, encore après, en allumant un feu de cheminée, autour de Noël. Le crépitement des flammes résonnera étrangement dans mes oreilles. Ce sera tout.

En attendant dimanche, et le verdict concernant ma participation à mon ultime Grand Prix de F1, je suis prêt à retourner dans le paddock de Bahreïn. Il s'y en dispute encore un ce week-end ! Je ne sais pas comment je vais l'appréhender. J'y pense fébrilement, mais cela ne durera pas. Lorsque je pénètre dans l'enceinte du circuit, le vendredi, je me sens… chez moi. Absolument tout est naturel. *Comme avant*. Bien sûr, je vois les larmes au coin des yeux de tous ceux que je croise. Mes mécanos, qui me tombent dans les bras. Mes ingénieurs, qui me tapent sur les épaules. Les masques anti-Covid ont du bon ! Combien se cachent derrière pour pleurer, parmi eux ? Je ne suis pas dupe, même s'ils essaient de faire bonne figure ; je vois bien qu'ils sont traumatisés, et je suis désolé pour eux. J'ai honte de les avoir fait tant souffrir. Alors je plaisante… et je fais le fanfaron en évoquant le test d'extraction, auprès du personnel de mon équipe. « Le » test ultime auquel tous les pilotes doivent se soumettre pour obtenir le droit de participer à un Grand Prix ! Il s'agit de prouver que l'on est capable de bondir hors d'une monoplace et remettre son volant sur la colonne en moins de douze secondes en cas d'accident ou d'abandon. Le repositionnement du volant peut paraître anecdotique, je vous l'accorde, mais il est obligatoire, sous peine de se voir infliger une grosse amende !

— Ce test d'extraction, est-ce que je peux en être exempté dorénavant ? Je crois que j'ai montré que je pouvais sortir assez vite du véhicule !

On me répondra, avec le même humour, que je n'ai jamais fixé le volant, et que je devrais être sanctionné. Pas faux ! La colonne était complètement arrachée…

Dans le stand, je demande à monter dans ma voiture, pour savoir comment va réagir mon corps. Je ne note rien d'anormal. C'est mon bureau ; ça a toujours été mon bureau ! J'encourage Pietro Fittipaldi, qui a la lourde tâche de me remplacer. Je sais que ce n'est pas une sinécure pour un jeune pilote ! Débuter en F1 dans ces circonstances, en fin de saison… J'imagine qu'il aurait préféré une autre opportunité que celle-là, même si ça reste une chance à saisir. C'est un gentil mec.

On m'accorde également le droit de convoquer le personnel du circuit, et ça me paraît essentiel. Je veux remercier un à un tous les acteurs qui m'ont aidé à rester en vie. Les sapeurs-pompiers, le docteur Ian Roberts… Ils se rassemblent tous devant le garage, et je les applaudis, avant de tomber dans leurs bras. C'est très émouvant. Merci à eux, et bravo pour leur courage. Michael Masi est là, bien sûr. J'apprécie beaucoup l'homme, et le professionnel. Plus tard, il acceptera de me montrer la vidéo intérieure de l'accident, celle de la caméra braquée sur le cockpit, en face du casque du pilote. Elle a résisté à l'impact et aux flammes.

Son visionnage aura lieu le samedi. Nous sommes quatre dans son bureau : Michael, Kim, Marion et moi. Je ne suis pas certain que ma femme soit suffisamment armée pour regarder les images, vu la fontaine de larmes qu'elle a versée rien qu'en entrant dans le paddock, mais je ne peux pas lui refuser de m'accompagner.

Et, finalement, c'est moi qui prends le choc de plein fouet.

Tout ce que j'avais décrit en interview était vrai, ce n'est pas ce qui me surprend. J'étais parfaitement lucide pendant l'accident et les vingt-sept secondes qui ont suivi. Non. Ce qui me sidère, c'est de réaliser que le cockpit est en feu. Je veux dire… *Vraiment* en feu. Je n'en avais pas ce souvenir. Je suis en train de brûler vif. Les flammes me dévorent, et sur le moment, je les ai, en partie, occultées, je crois, pour être capable de me concentrer sur l'essentiel : survivre. La moindre prise de conscience de la réalité aurait pu engendrer un mouvement de panique, et causer ma mort. Le cerveau humain est un outil exceptionnel.

Au sortir de ce visionnage, je multiplierai davantage encore les messages sur les réseaux sociaux. Je sais maintenant l'ampleur de l'accident. Les images sont pires que mon souvenir. Moi, j'étais acteur du drame, je me suis battu. Mais mes proches, ceux qui m'aiment, n'ont fait que le subir, impuissants et terrifiés.

Dimanche matin, j'ai rendez-vous à 9 heures pour mes soins. Je sais désormais que mes chances d'aller à Abu Dhabi sont quasiment nulles. On commence à retirer mes bandages, et avant même d'être examiné, je comprends que c'en est fini. À travers le masque, je croise le regard de Marion, et celui de Kim. Leur compassion confirme la sentence : mes derniers espoirs se sont envolés. J'ai mal, et ma main gauche est dans un sale état. Luke, le médecin d'Hintsa, a tenu gentiment à m'accompagner, pour jouer mon « avocat » face au personnel hospitalier qui s'apprête à m'interdire de rouler. Luke connaît bien les pilotes, et notre volonté d'aller plus loin que la douleur, de repousser toujours nos limites. Il posera toutes les questions nécessaires pour être sûr que je n'aie pas le moindre regret, le moindre doute. Le moindre conditionnel en suspens.

Quels sont les risques auxquels je m'expose *si* je persiste à vouloir prendre le volant ? Quelle infection ? Quelle gravité ? Puis-je perdre définitivement la motricité de ma main gauche ? Être même amputé ?

Adrien Paviot, le designer de mon casque et ami de longue date, me dira, pour me remonter le moral :

— C'est une course, mon pote, une seule course, sur deux heures. Ta main, tu vas en avoir besoin les cinquante prochaines années, pour faire des tresses à Camille. Pour tenir les diplômes de tes enfants. Pour les aider à traverser la rue. Il faut que tu en prennes soin. Pour eux.

Mes enfants. Évidemment. J'en reviens toujours à eux. Ce sont eux, une fois encore, qui guident ma raison. Il est temps pour le papa que je suis, de rentrer à la maison auprès des miens. Résigné, j'ai une dernière demande à formuler, et m'adresse à Kim :

— Peux-tu organiser pour moi un rassemblement dans le garage, cet après-midi ? Je voudrais dire adieu aux gars.

Ils se réuniront tous autour de moi, ce dimanche-là. Ayao. Domdom. Geoff. Gavin. Günther. Kevin. Kim. Ainsi que tous mes mécanos, mes ingénieurs. John et les filles du catering. Kate, qui organise mes déplacements.

Tous ceux qui ont été ma famille de course ces dernières années. Comme une famille, je les ai détestés parfois, énervés souvent, aimés tout le temps. Ils vont me manquer, bien sûr, mais je suis en paix. La décision a été sévère, injuste, c'est certain, mais je sais que c'est le prix à payer, et je ne m'en plaindrai jamais. Par respect pour Jules, Anthoine, et tous les autres, qui l'ont appris à leurs dépens bien plus cruellement que moi. Je ne serais pas digne d'eux si je m'apitoyais sur mon sort.

La tendresse de mes collègues me va droit au cœur. On me tape sur l'épaule, on m'applaudit, on reconnaît mon abnégation et mon courage. En signe de reconnaissance ultime, Toto Wolff, le patron de Mercedes, jure même dans la presse qu'il me proposera un test au volant de la monoplace championne du monde, quand j'aurai récupéré tous mes moyens. Je suis peut-être provisoirement handicapé, mais je suis loin d'être sourd, croyez-moi !

Marion

Je pleure comme une madeleine, impossible de m'arrêter. Voir Romain entrer dans le paddock, le sourire dissimulé sous son masque. Sa force. Son énergie. Sa résilience. Pas de doute, il est bien vivant, exactement comme avant. À ma décharge, personne ne m'aide dans son équipe ! Ayao essuie furtivement ses larmes qui coulent sans discontinuer ; Geoff, en charge de la logistique chez Haas, balbutie quelques mots avant de s'éclipser pour s'effondrer dans un coin. Je croise Frédéric Vasseur. Fred, que j'adore et admire tant. Il est d'ordinaire si loquace… C'est bien la première fois de ma vie que je ne trouve rien à lui dire ! Laurent Dupin, qui me voit me débattre contre mes propres émotions, vient vers moi.

— Reste avec nous, me propose-t-il gentiment.

Je secoue la tête. Je voulais venir pour accompagner et soutenir Romain. Je dois être là pour lui, et le suivre. Quelle idiote ! C'est lui qui me portera, et on en rira plus tard.

— *Useless wife*[1], glisserai-je à Kim.

Ces secondes seront particulièrement éprouvantes, mais elles seront aussi nécessaires à ma guérison. Je ne

1. Épouse inutile.

consulterai aucun psy, et je n'aurai pas, moi non plus, l'impression de subir un choc post-traumatique. Je me contenterai alors d'être une spectatrice privilégiée du chemin parcouru par mon mari dans les allées du paddock, qui tient à rencontrer ceux qui l'ont aidé. Les applaudissements, les accolades, les embrassades, je les garderai précieusement en moi et les chérirai toute ma vie. Ils effaceront les images sordides de l'accident. Un peu comme au temps des VHS de mon père ! Ils viendront s'inscrire comme autant de nouvelles séquences bien plus belles et bien plus fortes que les précédentes. Je discuterai avec Kevin Magnussen. Sa femme était enceinte de plusieurs mois. Je remercierai le personnel d'avoir sauvé mon mari, et tomberai dans les bras de Michael Masi.

— Notre vie ne sera plus jamais la même, lui dirai-je.

— *Notre* vie ne sera plus jamais la même, me répondra-t-il à son tour, avec beaucoup d'empathie.

Dimanche matin à l'hôpital, avant que le couperet ne tombe sur la possibilité pour Romain de reprendre le volant, il me suffit de voir les yeux du père de mes enfants pour comprendre qu'il sait. Ses espoirs sont anéantis avant même l'examen du médecin : il ne sera pas en mesure de rouler à Abu Dhabi. Les risques sont trop élevés, les douleurs trop intenses, les blessures trop profondes. Il faut se montrer humble et raisonnable devant la gravité de la situation.

Ce que je ressens à ce moment-là, en lisant sa réaction ? Aucun soulagement, je vous l'assure. Je ressens surtout de la peine. Beaucoup de peine. Je suis terriblement triste pour lui, même si, je n'ai aucun doute, il s'en relèvera. Il se relève toujours. Depuis toutes ces années, je l'ai soutenu du mieux que je le pouvais. Sur place ou à distance. Oh, ça n'a pas toujours été simple, vous pouvez me croire ! Pour lui comme pour moi. Et cette saison a été particulièrement éprouvante, compte tenu des conditions sanitaires. Je n'ai pu me rendre que sur un seul Grand Prix jusque-là, au Mugello, en septembre. J'avais fait l'aller-retour sur le week-end pour l'épauler, et j'étais prête à le faire encore à Bahreïn, comme à Abu Dhabi. L'accident ne changeait rien.

17

Home, sweet home

Romain

Ma carrière en F1 est finie. Il n'y aura pas de dernière séance de qualifs, de dernière extinction des feux, de dernier drapeau à damier. Je dois en faire mon deuil, mais je sais qu'il y a plus grave.

Le dimanche soir, nous prenons donc l'avion pour rentrer en Europe, non sans avoir regardé à la télévision, dans la chambre de l'hôtel de Bahreïn, le Grand Prix qui se déroule sans moi. Ça ne paraît presque pas étrange !

De notre voyage retour, je n'ai pas beaucoup de souvenirs, autres que mes douleurs bien sûr, qui se réveillent de plus en plus. J'ai tenté de dormir tant bien que mal, en vain. Il fallait pourtant que je sois en forme pour aller chercher mes enfants à l'école, c'était ma seule raison d'aller de l'avant.

Les larmes des institutrices de mes garçons, dans la cour de récréation, je ne les ai pas aperçues tout de suite. C'est Marion qui fait toujours attention à ces détails-là. Surtout avec les masques, c'est difficile de lire les émotions.

En revanche, les miennes, je ne peux pas les dissimuler. Lorsque Sacha et Simon se sont précipités pour me sauter dans les bras… Bon sang. Il n'y a pas d'amour plus grand, plus noble que celui-là. Je me suis accroupi comme j'ai pu, la jambe gauche particulièrement endolorie. Je voulais être au plus près de mes fils. Qu'avaient-ils compris de ce qui m'était arrivé ? Quel impact mon expérience pourrait-elle avoir sur leur vie ? Et combien de fois, au cours de l'hiver à venir, les gronderai-je avec véhémence parce qu'ils ne feront pas attention à cette maudite main brûlée ? L'effleurant par inadvertance dans leurs jeux improvisés, provoquant systématiquement une onde de choc féroce… En bouclant leur ceinture de sécurité dans la voiture alors que je les y installe ; en m'apportant leur assiette pour que je la débarrasse dans le lave-vaisselle ; en s'agrippant à moi pour me dire bonjour le matin… Chacun de leurs petits gestes quotidiens, maladroits et anodins… J'aurais pu ne plus être là pour en être témoin, mais ils me coûteront cher en douleur ! C'est tout en même temps dérisoire et capital de les signaler. Je hurlerai parfois d'avoir aussi mal, j'insulterai ma souffrance, mais ces cris vaudront mieux que le silence. Ces cris prouvent que je suis vivant.

Et puis, très vite, je retrouve Camille. Ma douce Camille. Elle est plus petite, elle n'a pas trois ans, et évolue dans un autre établissement en attendant de rejoindre ses frères à l'école. Ils s'entendent tellement bien, tous les trois. C'est notre plus grande fierté. Camille dessinera chaque jour de l'hiver pour aider à guérir mes « bobos ». Je répondrai des centaines de fois aux mêmes questions, pour la rassurer, car je ne peux malheureusement pas cacher les séquelles de mes blessures. Alors on les déguise, on transforme les soins en jeu. Elle se comporte en vraie petite infirmière.

— C'est pas g'ave, de faire l'assident, hein papa ?

— Non mon amour, ce n'est pas grave. C'était un tout petit accident, et bientôt, je n'aurai plus de bobo.

— Alors je vais faire un dessin pour tes mains, OK ?

— OK, ma chérie.

Depuis que je suis père, c'est devenu lancinant : on me demande souvent si je veux que mes enfants prennent le relais et deviennent pilotes à leur tour. À chaque fois, je repousse l'idée ; je ne les guiderai pas dans ce sens. D'ailleurs, je ne les ai jamais emmenés faire du karting. Mais comme tous les parents, je veux évidemment qu'ils soient heureux, et leur fais confiance pour trouver leur propre voie, sans que je m'y oppose. Après mon retour à la maison, ils me répéteront haut et fort qu'ils ne piloteraient jamais, car c'était trop dangereux ! Je sais Marion soulagée, même si… « les chiens ne font pas des chats » ; jouer à la course avec leurs petites voitures reste leur jeu favori !

Cet hiver sera certainement le plus difficile de mon existence, et paradoxalement, celui que j'ai le plus savouré. Je me rappelle, chaque matin, que j'ai la chance d'être un miraculé. Je ressens le devoir de ne pas l'oublier, même si ma condition physique est alarmante, et frustrante. La possibilité d'une greffe de peau sur la main gauche n'est pas exclue, et j'ai les ligaments du pouce arrachés ; je l'ignorais jusqu'à mon retour en Europe. C'est bien la première fois que je ne peux pas pratiquer de ski de fond ; encore moins de ski alpin. De toute façon, je ne peux même pas rester dehors plus de cinq minutes sans éprouver de monstrueuses douleurs. Le froid gerce mes brûlures, c'est un calvaire. Je demande à mon chirurgien de caler l'opération le plus tôt possible pour réparer mes ligaments et nettoyer un maximum de fibrine, la substance jaunâtre qui se forme sur la peau. Ce sera fait le mardi 15 décembre au soir, soit huit jours après mon retour à Genève. Près de trois heures au bloc pour travailler sur les deux mains. Je dois ensuite m'atteler à la rééducation, et aux séances avec un ostéo pour mon genou cassé. Je me rends à la clinique un jour sur deux, jusqu'à Noël ; jusqu'à ce que je puisse me débrouiller seul pour changer les pansements.

Le 23 décembre, j'apprends, enfin, que j'évite provisoirement la greffe. Joyeux Noël ! Celui-ci aura un goût très particulier… Je réalise à quel point la vie est belle ; à quel point, aussi, elle est fragile, même si c'est terriblement banal de l'écrire noir sur blanc. C'est sans doute ce qui fait son charme ! Tout peut basculer.

Sur les réseaux sociaux, on me surnomme désormais le « phénix ». J'aime assez l'idée ; être celui qui renaît... Non pas de mes cendres, mais de celles de ma monoplace ! J'ai fait si longtemps corps avec elle... En guise de présentation sur mon profil Instagram, j'écrirai désormais : « *Haters and fire resistant.* »

Ça me fait rire.

Mes blessures physiques mettront bien plus de temps à guérir que ma tête. Même immobilisé, je reste un battant, et j'ai besoin de me fixer des objectifs. Il me faut un calendrier pour puiser en moi les ressources nécessaires à ma résilience ; des dates précises auxquelles m'accrocher.

La date de ma prochaine conférence de presse, pour annoncer mon programme 2021.

La date de mes premiers tours de roue, qui détermineront mon aptitude à piloter de nouveau.

La date, enfin, de mon retour à la compétition, dans un peloton groupé.

Inscrites dans un coin de ma tête, toutes ces échéances me tiendront chaud en plein cœur de l'hiver, lorsque les douleurs viendront étouffer mes espoirs.

Marion

Qu'il est bon ce retour à la maison, le 7 décembre. Qu'il est doux, et tendre...

Romain et moi sommes allés chercher les garçons devant leur école, pendant que mes parents se rendaient à celle de Camille. Dans la cour de récréation, j'ai vu Sacha et Simon se précipiter dans les bras de leur père, enfouissant leurs petits visages dans son manteau ouvert, que les bandages ont rendu impossible à enfiler par les manches. Pour la première fois depuis l'accident, je l'ai enfin vu, lui, se relâcher. S'accroupir comme il le pouvait, avec sa jambe endolorie par sa fracture. Humer ses fils et ébouriffer leurs cheveux. Leur montrer les épais pansements qui cachaient ses brûlures ; en rire avec eux.

Son regard bleu acier que je connais si bien ; je l'ai vu se plisser de bonheur et d'amour. J'imaginais son sourire sous le masque, et ses embrassades qui valaient cher. Avec pudeur et discrétion, les deux institutrices des enfants vinrent se joindre à nous et assister à ce moment de tendresse. Je me souviens de leurs larmes qui coulaient, à elles aussi, autant que des nôtres. Elles restèrent à distance pourtant, plus pour respecter nos retrouvailles que pour se plier aux gestes barrière, je crois.

Enfin, à la maison, Romain a serré contre lui sa fille, sa toute petite, sa princesse. Avec l'air le plus sérieux du monde, Camille a observé les blessures, en caressant doucement les avant-bras si forts de son père. Tout l'hiver, elle prendra soin de lui comme une sérieuse infirmière de trois ans.

Le lendemain de ces joyeuses embrassades, mes parents repartirent aussi discrètement qu'ils étaient arrivés, pour nous laisser profiter de notre intimité, juste tous les cinq. Nous refuserons la moindre médiatisation avec nos enfants, mais accepterons de jouer le jeu, en couple, auprès de certains magazines. Pour moi, c'est presque une thérapie. En janvier, d'ailleurs, lorsqu'un journaliste de Canal viendra m'interviewer pour revivre la journée du 29 novembre, je fondrai en larmes à son micro. Même un mois et demi après l'événement ! J'évacue encore le trop-plein d'émotions, mais ça ne m'inquiète pas : je vais bien. Le moral est gonflé par l'amour et la fierté. Moi qui ai tant pesté à l'idée de n'être définie que par mon statut de femme de pilote, je crois que ça me galvanise, finalement !

Notre vie quotidienne change peu, mais prend plus de temps à organiser. Romain a mal. Le froid dévore ses brûlures ; il ne sort que rarement, en fonction de la température extérieure. Dès qu'il le peut, il nous accompagne, et devient vite la cible de toutes les attentions. Malgré une casquette sur la tête et un masque, ses mains bandées ne passent pas inaperçues, et il est reconnu partout où il va. Je me souviens notamment d'une dame qui, devant nous, posait ses articles sur le tapis d'une caisse de supermarché. Elle jette un coup d'œil à Romain, et constate aimablement :

— Oh… Monsieur, vous avez l'air d'être sérieusement blessé aux mains !

— Oui… Je me suis brûlé, répond-il.

— Tiens… Comme ce pilote qu'on a vu à la télé. Vous savez ? Celui qui est sorti de sa voiture en feu ?

Nous nous en amusons. Je n'ai jamais autant apprécié notre routine. Je réalise que Romain a été exceptionnel au moment de l'accident, certes, mais ne l'est-il pas un peu tous les jours, finalement ?

Avant de nous quitter, le mardi matin, mes parents nous demandent, l'air soucieux, si ça va aller pour nous cinq. Je comprends leurs doutes, mais réponds sincèrement.

— Oui, rentrez sereins. Maintenant que nous sommes auprès de nos petits, ensemble, ça ira forcément.

Nous sommes le 8 décembre.

Tiens.

C'est mon anniversaire.

Bon anniversaire, Marion.

18

Et maintenant ?

Romain

L'avenir sourit aux audacieux.

Le 3 février, j'utilise le réseau social Twitch pour organiser une conférence de presse, et annoncer mon programme officiel en Indycar, chez Dale Coyne Racing. Je ne m'engagerai que lors des courses sur circuit routier, pas sur les ovales. La discussion avec Ayao, au matin du 29 novembre, sur leurs risques et leurs conséquences, résonne encore dans ma tête. Et, surtout, je dois préserver Marion et les enfants. Ils ne sont pas prêts, je crois, à me voir jouer de nouveau avec ma vie. D'ailleurs, en suis-je toujours capable ? Même moi, je ne suis pas certain à cent pour cent de la réponse, il faut le reconnaître.

Évidemment, en ne participant pas à certaines épreuves, comme les mythiques 500 miles d'Indianapolis pour ne citer qu'elles, j'ai bien conscience de ne pas pouvoir me battre pour le titre. Les dés sont pipés avant même mes premiers tours de roue. Pourtant, pour la première fois de ma carrière de compétiteur, c'est presque sans importance ! Cette saison, l'enjeu est tout autre. C'est un nouveau défi ; je suis devenu un *rookie* et ai tout à apprendre. Les ovales sont réputés pour être dangereux, les monoplaces exigent un physique irréprochable, et je sais déjà que je m'envolerai pour les États-Unis avec une main qui n'a pas encore complètement cicatrisé. Je dois m'accommoder de la philosophie du *step by step*, comme on le dit si bien de l'autre côté de l'Atlantique.

Après cinq ans à évoluer dans une équipe américaine, je n'en ai donc pas encore terminé avec le pays de l'Oncle Sam ! C'est avec beaucoup d'excitation que je prépare mon voyage. Enfin ! Je retrouve l'attrait de la nouveauté. Les discussions avec Dale ont commencé bien avant mon accident, et même bien avant l'annonce de mon départ de Haas. Une semaine avant le Grand Prix F1 à Imola, en septembre 2020, mon associé Martin Reiss évoquait l'idée avec Stefan Johansson, le manager de Scott Dixon (sextuple champion d'Indycar). Alors que plus rien ne m'attirait en Europe, la décision était facile à prendre. Je voulais retrouver le plaisir de piloter. Je m'offrais enfin le luxe de pouvoir faire mes choix, et d'être libre.

J'en parle tout de même avec Gene Haas. Son équipe est engagée en nascar, et je lui demande naturellement s'il souhaite poursuivre notre collaboration sur ses terres, en apportant un soutien financier rassérénant. Sur le principe, il est emballé par le projet. Mais après le 29 novembre, il annoncera par voie de presse son refus de s'impliquer, pour ne pas avoir à faire face à « une veuve et ses trois enfants ». J'en reste perplexe. N'est-ce pas un peu hypocrite ? S'il craint pour ses pilotes, ne vaut-il pas mieux arrêter définitivement tout sport automobile ? La vie de Nikita Mazepin et Mick Schumacher, pour ne citer que ceux en F1, est-elle moins importante que la mienne ?

Ça ne changera pas ma résolution, ni ma persévérance. J'irai au bout de mes ambitions, sans valise de dollars, donc, mais avec la seule force d'être moi, et ma pleine conscience.

Le 16 février, je m'envole ainsi pour Plainfield, dans l'Illinois, près de Chicago, afin de mouler mon siège. Heureux timing : à l'aéroport de Genève, je reçois un appel de Bradley Lord, le directeur de la communication de Mercedes F1. Il parle un français impeccable, et nous nous connaissons bien, pour avoir travaillé ensemble chez Renault plusieurs années auparavant.

— Romain, je reviens vers toi concernant la proposition que Toto Wolff t'avait faite… Tu t'en souviens ? Il souhaite t'offrir une séance d'essais au volant de la Mercedes… Est-ce que je peux te soumettre quelques dates, et tu me dis ce qui te convient le mieux, selon ton planning, pour que l'on organise ça au plus vite ?

Est-ce que je m'en souvenais ? À votre avis ?

Tout sera calé très rapidement. Je n'aurais jamais pensé pouvoir le clamer, mais avec le recul, je suis enfin heureux de ne pas avoir pu rouler au Grand Prix d'Abu Dhabi ! Je n'aurais jamais eu l'opportunité de tester la monoplace championne du monde autrement !

La chance.

Elle me revient encore comme un boomerang.

Mes premiers essais en Indycar se déroulent à Barber, le mardi 23 février. Il serait malhonnête de vous dire que je ne l'appréhendais pas.

Est-ce que je vais avoir peur ?

Est-ce que je vais savoir piloter ?

Est-ce que ma main va me faire souffrir ?

Beaucoup de questions auxquelles seule la piste peut répondre.

Vient aussi la première séparation tant redoutée avec mes enfants, depuis mon retour en Europe.

— Tu rentres dans combien de dodos, papa ?

Dieu qu'il est difficile de les quitter !

Les dodos éloignés, je les compte autant qu'eux.

Avec leur soutien et celui de Marion, le couteau entre les dents, je m'envole pour mon premier tête-à-tête avec ma nouvelle voiture. Très vite, je dois sourire sous mon casque. Une voix en moi en était convaincue, mais je n'osais pas l'écouter avant d'en faire l'expérience : non, il n'y a pas la moindre appréhension en montant dans le cockpit. De l'excitation, du soulagement, du plaisir à foison, en revanche, c'est certain. Je ne suis plus le même homme depuis le 29 novembre, mais le pilote qui sommeillait n'a pas la moindre égratignure psychique.

Dès les premiers kilomètres, je suis surpris par ce que je tiens entre mes mains. La direction de la monoplace est très lourde, je prends note qu'il va me falloir renforcer l'entraînement pour muscler mes bras ! Au terme de la journée, j'exprime ma joie, et tais ma souffrance. La puissance requise par le haut du corps ne m'inquiète pas, je serai prêt. Mais ma main gauche est dans un piteux état. Une énorme cloque est apparue sur mon pouce brûlé. Six jours plus tard, je sais que je dois effectuer un deuxième test à Laguna Seca. Vais-je être en mesure de tenir le volant ? J'envoie la photo de ma blessure à mon chirurgien, et demande à mon ami tennisman, Gaël Monfils, ce qu'il préconise pour les ampoules sur les doigts. Je perce le pus, je strappe, je nettoie. C'est un désastre ! Mon corps n'a pas encore guéri, et c'est frustrant, alors que mon esprit est tourné vers l'avenir.

Retour à la maison ; j'ai vraiment un mal de chien.

— Prends un antidouleur, insiste Marion. L'ibuprofène ne rend pas dépendant, tu ne risques rien.

Ce n'est pas ce qui m'inquiète. Mon problème est d'accepter l'idée d'en avoir encore besoin trois mois après l'accident. Je refuse tout traitement. Je veux trop passer à autre chose.

Hélas, lorsque je revois mon médecin, il évoque de nouveau une greffe de peau. La qualité de la mienne est trop médiocre, trop fragile. Trop abîmée. Il va bien falloir que je me résigne.

— OK, lui dis-je. Laissez-moi rouler comme je le peux cette saison, et je me ferai opérer après la dernière course, en automne.

Je bricolerai avec des pansements en attendant !

Vient le week-end du 28 mars 2021. Je suis aux États-Unis, et tout le monde m'envoie des messages : « Je pense à toi », « Il doit y avoir beaucoup d'émotions », « Nous imaginons le pincement au cœur »... Je prends quelques minutes pour faire le lien avec ce qui se passe en Europe, et évoque cet excès d'attention avec Marion par téléphone. Elle aussi reçoit les mêmes textos bienveillants. Elle aussi, est interloquée.

Le week-end du 28 mars.

Comment n'y avais-je pas songé plus tôt ? C'est la reprise du championnat de Formule 1. Voilà pourquoi nos proches tiennent à marquer le coup. Ils sont devant leur télévision, croyant certainement que nous serions chamboulés d'assister à un départ sans que je figure sur la liste d'entrée. C'est adorable, mais c'est aussi mal nous connaître ! Elle, comme moi, restons de marbre.

Rien. Nous ne ressentons rien, lorsque mes anciens camarades de jeu s'élancent pour le premier Grand Prix de la saison, à Bahreïn. Destination pourtant ô combien symbolique !

— Dis-toi que c'est rassurant, commente ma femme avec ironie. Si j'étais triste, ça signifierait que je suis tombée amoureuse du pilote, pas de l'homme. Or, je suis bien plus intéressée par ce qu'on va vivre ensemble cette année que par la pole position de Max Verstappen !

Elle ajoutera même, mi-sérieuse mi-cynique, qu'elle préfère me savoir en Amérique dans un nouveau challenge que dix-neuvième sur la grille de la F1, à gémir et pester contre le manque de performance de ma Haas.

Moi, je ne me pose même pas la question, j'ai bien d'autres préoccupations. Mon samedi se déroule dans les airs : Genève-Paris, Paris-Miami, puis trois heures de route pour filer vers Sebring. Je suis épuisé ! Le roulage que j'effectue pour Dale Coyne n'a rien de rassurant : ma main me fait abominablement souffrir, et mon jeune équipier, Ed. Jones, me devance de 6 dixièmes. Je ne pense pas que ses dix années de moins que moi jouent un rôle, mais je commence sérieusement à angoisser. J'ai l'impression d'être largué ; de ne rien comprendre aux réglages de ma monoplace. Peut-être suis-je dépassé ?

Enfin… Ce n'est pas le moment de tergiverser, car je repars dès le lendemain pour Indianapolis, où je dois m'entraîner en simulateur. S'ensuivent deux autres voyages, d'Indianapolis à Chicago, et de Chicago à Londres : l'équipe Mercedes m'y attend pour mouler mon baquet en vue de ma journée de test en F1. Elle est déjà calée pour le mois de juin, et on ignore encore qu'elle devra être repoussée à cause du nouveau variant anglais.

Le 1er avril, je retourne à Genève pour retrouver ma femme et mes enfants, chercher les chocolats de Pâques dans le jardin, et… reprendre l'avion avec ma tribu de nouveau dans l'autre sens, en direction des États-Unis ! Ce sont les vacances scolaires, et nous avons décidé de partir une quinzaine de jours à l'assaut de la Floride tous ensemble, en famille. Puisque je travaille désormais sur le territoire américain, j'ai pu obtenir à tous une autorisation spéciale de m'accompagner, malgré les restrictions liées au Covid. Nous avons un motorhome à disposition, que l'on baptisera pour rire « Raoul ». Évidemment : ça roule, avec Raoul ! Les enfants sont surexcités. Nous aussi.

De ce voyage, Marion dira qu'il représentera une « lune de miel à cinq ». Nous allons vivre en huis clos une aventure fantastique qui nous rappellera toujours combien nous nous aimons. En bon père de famille, je me charge de toute la logistique et conduis moi-même le « monstre » : Raoul ! Un camping-car géant, taille américaine, conçu pour avaler les routes et nous offrir un confort particulièrement luxueux. Je découvre comment l'installer, vider les WC, l'eau des douches, ouvrir et fermer les extensions pour gagner ou restreindre l'ergonomie. Nous dormons dans un camp différent tous les soirs. Marion, elle, a préparé l'itinéraire et fait office de guide touristique : les Everglades, Key West, Cape Canaveral, Saint-Augustine, Savannah, et enfin Atlanta, en Géorgie… Autant de destinations que nous explorons et savourons de tout notre soûl. Officiellement, il s'agit de prendre du bon temps, ensemble. Mais pour moi, ce voyage a un sens bien plus profond. Sacha, Simon et Camille ne sont pas dupes et ont vu les cicatrices sur ma main. Ma peau brûlée. La crème que j'étale à chaque heure du jour et de la nuit. Durant l'hiver, ils m'ont proposé mille et un autres métiers que je pourrais exercer sans me mettre en danger. Alors, je ressens le besoin de leur expliquer pourquoi leur père va reprendre le volant. Je ne veux pas qu'ils aient l'impression d'être laissés pour compte ; ils apportent une contribution trop cruciale à ma santé mentale pour que je relève ce nouveau défi américain.

« Quand on aime quelqu'un, on doit vouloir son bonheur », leur a toujours enseigné Marion.

Ce n'est pas une question d'âge pour comprendre ; c'est une question de valeur. Et après nos pérégrinations, mes trois petits ne joueront plus à trouver un autre travail pour papa !

Plus tard, dans l'année, une fois ma saison lancée, la journaliste Catherine Ceylac me demandera s'il m'arrive d'avoir mauvaise conscience en m'engageant dans une voie qui peut faire d'eux des orphelins. La question, ainsi formulée, est pétrifiante. Surtout pour un homme qui répète à tout-va que l'amour des siens compte plus que tout ! Pourtant, même si le danger rôde sur les circuits, même si j'incarne la preuve que tout peut basculer, dans un sens comme dans l'autre, je n'imagine pas une seule seconde les laisser sans père. Je garde la conviction que mes risques sont calculés, et que je ne ferai jamais n'importe quoi pour gagner « à tout prix ».

Le jeudi 14 avril, au terme de notre épopée américaine fabuleuse, je déposerai enfin ma femme et nos enfants à l'aéroport. Sereins et rassurés, ils rentrent en

Europe pour reprendre le chemin de l'école tandis que moi, je poursuis ma route avec Raoul jusqu'à Barber, où aura lieu ma première course en Indycar. La séparation est déchirante, mais mon destin m'attend.

Marion

J'ai eu trente-neuf ans dix jours après l'accident. J'en plaisante avec nos amis proches. Un feu d'artifice pareil pour mon anniversaire, c'était beau quand même ! J'ai hâte de voir ce que Romain me prépare pour mes quarante !

La barre est haute.

Doucement, je guéris. Bien sûr, je continue à l'écouter respirer à côté de moi la nuit. Je continue à vouloir remplir mes yeux de chaque moment de bonheur partagé, comme si on l'avait volé de manière illégitime. Lorsqu'il joue avec les enfants ou qu'il les serre dans ses bras, j'ai encore cette impression âpre que l'on m'offre seulement un sursis, et qu'il faut en profiter sans demander son reste. Et quand il a mal, je rêve toujours de rembobiner le temps, pour revenir aux ultimes minutes qui ont précédé l'accident. Je l'aurais supplié de rentrer à la maison, pour le protéger de la souffrance qui va être la sienne tous ces mois à venir. Je lui aurais dit que tout cela n'en valait pas la peine, surtout avec la Haas !

Ainsi, l'escapade que nous allons vivre en Floride va susciter en moi des émotions inédites, car à chaque seconde, j'aurai cette conscience pleine et dévorante : nous aurions pu ne jamais entreprendre ce grand voyage tous ensemble. Aux États-Unis, je vis les plus beaux moments de ma vie de famille, alors qu'il aurait pu en être autrement si…

La réalité me frappe et me fait vaciller.

J'en reviens toujours à cette terrifiante hypothèse. Tout pourrait être différent.

Si.

Je ferme les yeux et balaie une nouvelle fois l'idée que tout aurait pu basculer. Que je pourrais être en plein cauchemar, à l'heure où j'écris ces lignes. Nous avons encore trop à échanger, trop à voir et à faire… D'un naturel positif, je finis donc par m'en persuader : notre bonheur est exacerbé par la crainte de le perdre à tout moment, mais c'est très bien ainsi.

Les enfants m'émeuvent. Ils ont un regard détaché sur l'expérience, et en parlent librement, comme si c'était banal.

En mars, alors que Romain s'est envolé pour ses premiers essais en Indycar, je me souviens d'un après-midi au parc de jeux du village. Simon y retrouve un copain de classe, et j'écoute discrètement la conversation, en haut du toboggan. Ils s'interrogent sur leur capacité à traverser une échelle horizontale à la seule force de leurs petits bras. Le jeune garçon dit alors à mon fils :

— Attends, on va demander à mon papa. Tu sais, il est vraiment trop fort, mon papa. Il sait presque tout faire !

Simon, spontanément, répond :

— Peut-être, mais le mien, il est encore plus fort que le tien. Mon papa, il est cap' de sortir du feu. Et ça, y a personne d'autre qui est cap' de le faire.

Sous mon masque, je souris.

Oui, mon chat. Tu as raison. Ton père est cap' de sortir du feu. Je ne sais pas si ça fait de lui le plus « fort », pour reprendre le thème de votre échange, mais à nos yeux énamourés, ça fait de lui le meilleur.

Le… champion du monde.

Ah !

Le champion du monde.

Des mots essentiels dans la bouche de tous les sportifs de la trempe de Romain. Et ils me renvoient avec délice à la naissance de Sacha, en 2013. Notre fils aîné est venu au monde un 29 juillet, comme un certain Fernando Alonso… ! Le parallèle n'avait évidemment pas échappé à Éric Boullier à l'époque, bien au fait de toutes les informations du paddock. Ainsi, sur une carte de félicitations, il nous avait écrit que Sacha était né le même jour qu'un champion du monde de Formule 1, et qu'il lui souhaitait, très sincèrement, de devenir, un jour, à son tour, champion du monde… de ce qu'il voudrait. Une formule adorable et tendre de la part de quelqu'un qui avait consacré son existence au sport automobile.

Voilà. Romain ne le sera peut-être jamais dans la discipline reine, mais il cumule les titres dans tous les autres domaines de la vie, et c'est, pour nous, l'essentiel.

Nous fourmillons désormais de nouveaux projets. Parcourir les États-Unis dans un motorhome avec les enfants. Y vivre un ou deux ans, peut-être ? Qui sait ? J'évoquais « les plus beaux moments de ma vie de famille en Floride », et je veux les prolonger à l'infini. Ces moments-là sont sublimés par l'accident, et... les conditions luxueuses de « Raoul » ! Dieu qu'il est bon, de partir à l'aventure en huis clos, juste nous cinq ! Chaque étape de nos pérégrinations est propice à l'extase. C'est une découverte, un territoire à explorer : Miami, les Everglades, Key West... Je m'offrirai même un petit pèlerinage dans la maison d'Ernest Hemingway ; moi, l'apprentie écrivaine et ancienne étudiante en littérature américaine ! Le clin d'œil est parfait.

Saint-Augustine, Savannah, Atlanta... À mesure que les paysages excentriques et magnifiques défilent, la jauge de félicité se remplit. Les enfants sont béats. C'est une lune de miel familiale effarante sur fond d'actualité empreinte, hélas, d'austérité et de Covid, de l'autre côté de l'océan.

19

Demain, tout commence

Romain

Je ne saurais pas forcément trouver les mots justes qui expliqueraient pourquoi, mais je me sens bien aux États-Unis. En Europe, on ironise souvent sur le « rêve américain », qui semble une chimère que seuls les plus naïfs convoitent. Pourtant, force est de constater qu'il se dégage de ces terres une énergie incroyable. Une volonté de bien faire, un positivisme acharné. Après l'épreuve que j'ai subie, peut-être est-ce exactement ce dont j'ai besoin ? Et, cerise sur le gâteau, l'est du pays semble se réveiller du marasme engendré par le virus, alors que le vieux continent se débat toujours sans succès. Sous le soleil et la chaleur de la Floride, en plein cœur de l'hiver, les restaurants ont rouvert leurs portes. Il en va de même pour les commerces et tous les lieux de culture. La vie a repris son cours « presque » normalement et cela fait beaucoup de bien. Comme si tout était de nouveau possible.

Comble de l'ironie, ma première course en Indycar a lieu le week-end de mes trente-cinq ans, à Barber. Moi qui ne crois à aucun signe ! Je vous mentirais si je ne vous disais pas à quel point l'émotion m'a saisi. Pourtant, j'aborde le week-end avec un sérieux qui l'emporte sur tout autre sentiment. J'ai bien trop à apprendre de la discipline ! Les procédures, le règlement, la technique. Vais-je être capable de tout assimiler ? De dominer la douleur que m'inflige encore ma main gauche ?

Sans prétention aucune, j'apporterai vite mes réponses en piste, avec un septième temps en qualification, dominant largement mon équipier. La voiture est loin d'être l'une des meilleures du plateau, et l'équipe est modeste, mais cela me convient : j'aime ce côté familial. Nous « bricolons », comme à mes premières années de course auto ! Je savoure mon gâteau d'anniversaire entre deux séances et découvre la notoriété qui est la mienne outre-Atlantique. C'est à peine croyable : casquette vissée sur la tête, masque sanitaire sur le visage… la foule se rue sur moi. À entendre les gens qui m'approchent, je suis un « héros » ! La notion me laisse perplexe. Je n'ai pas l'impression d'avoir sauvé le monde ! Enfin… Je ne boude pas mon plaisir. Là-bas, tout est plus ouvert, et je discute à loisir autant avec le public qu'avec les autres pilotes. Ils ne sont pas avares en conseils, ça me change des relations en F1, faussées par l'ultra-concurrence !

Le jour de la course, je prends quelques minutes pour moi, dans le calme de mon motorhome, avant de m'apprêter à revêtir ma tenue de gladiateur. Je sais que Raoul manque à Marion et aux enfants. Je sais qu'ils pensent à moi, à des milliers de kilomètres. Avec le décalage horaire, Sacha, Simon et Camille ne pourront pas assister à mon retour à la compétition, car il y a école le lendemain matin ; ils sont déjà couchés. Marion m'avouera que c'est un soulagement pour elle, car elle ignore encore comment appréhender mon installation sur la grille. Elle s'interroge sur sa réaction lorsqu'elle me verra me glisser dans ma monoplace, fermer la visière de mon casque et faire démarrer le moteur. Elle a besoin d'apprivoiser ce qu'elle ressent. « J'ai tellement pleuré », me dira-t-elle après ! Je dois reconnaître que je n'en mène pas large non plus. Je verserai quelques larmes également, probablement en même temps qu'elle ! Elles sont nécessaires pour me délester du trop-plein d'émotions que je ne pourrai certainement pas embarquer dans la voiture.

Ainsi, me voilà donc de nouveau face à moi-même. Ce moment précis, je l'ai beaucoup redouté, mais j'espère aussi et surtout le savourer.

C'est celui où l'homme et le pilote se rejoignent enfin.

La tête haute, il faut y aller. Lorsque je sors de ma tanière pour gagner mon stand, il n'y a plus de palpitation, plus d'effarement. Je laisse les sentiments à la porte. Je suis prêt.

L'anecdote est drôle.

Comme le veut la tradition dont sont si friands les Américains, un prêtre s'approche de moi sur la grille de départ.

— Puis-je faire une prière pour vous ? demande-t-il aimablement.

Je réponds, sur le même ton, un peu gêné :

— Euh… Non, merci !

Je ne crois pas que ça puisse me sauver !

Ma première course se passe. Mon retour à la compétition, presque cinq mois après l'accident. Je me classerai dixième, victime de soucis mécaniques et lésé par le bal complexe des ravitaillements. Peu importe. J'ai fini le Grand Prix. Je suis allé au bout. Et je vais bien.

Une semaine plus tard, j'enchaîne avec la deuxième manche de la saison ; un succès moindre mais une prestation personnelle tout aussi satisfaisante. Je suis épuisé par l'exigence physique de la discipline, qui requiert une énergie très différente de celle que je connais en F1. Je retourne alors en Europe pour deux semaines de repos, et d'entraînement ! Il y a bien une troisième étape dans le championnat entre-temps, au Texas, mais elle se disputera sans moi : c'est une course sur ovale, et j'ai promis à la famille de ne pas y participer.

Bon. Je dois vous avouer que regarder passivement mes concurrents rouler et prendre de l'avance au championnat, ça pique un peu ! Maintenant que j'ai acquis la certitude de n'avoir aucun traumatisme psychique, amputer ma saison en faisant l'impasse sur certaines épreuves me frustre plus qu'attendu.

— Tu te battrais pour le titre, ça aurait un sens, me rassure Marion. Mais là… Prendre autant de risques pour un top 10, perso, je ne sais pas si je suis prête pour ça !

C'est encore trop tôt.

En tout cas, pour le moment !

Ce n'est pas bien grave, et j'ai d'ailleurs une source de consolation inestimable. Le 5 mai, Mercedes et moi annonçons conjointement mon roulage dans la F1 championne du monde en marge du Grand Prix de France. Je n'aurais jamais vécu cette opportunité sans mon accident. Il faut bien en tirer quelques récompenses ! J'attends celle-ci de pied ferme.

Hélas, la joie sera de courte durée. À peine suis-je arrivé sur le territoire américain, la semaine suivante, pour ma prochaine course à Indianapolis, que les instances de la F1 modifient le calendrier. Le Grand Prix du Canada a été remplacé par le Grand Prix de Turquie, qui est finalement… annulé. Le Covid fait encore des ravages. Les dates des autres épreuves s'en trouvent chamboulées, et celle du Castellet est décalée d'une semaine. Il me sera impossible de m'y rendre, car je serai engagé dans une course en Indycar au même moment. Je sais que les organisateurs du Grand Prix de France sont dépités. Moi-même, je regrette de ne pas pouvoir aller à la rencontre de mes supporters ; ni de rouler devant ceux qui m'ont tant soutenu ces derniers mois. Sans vouloir les incriminer, car j'imagine le casse-tête que cela doit être, je déplore le désintérêt des dirigeants de la F1 pour les Grands Prix historiques européens, qui ont contribué au prestige de la discipline. Dans toutes les langues, nous parlons d'un *Grand Prix*, expression française devenue internationale. Pourquoi léser ses spectateurs ? Et, au vu de l'impact médiatique de mon accident, j'espérais secrètement participer à la fête.

Enfin… Avec élégance, les dirigeants de Mercedes m'envoient aussitôt un message pour me confirmer que la journée de test, elle, sera maintenue, quoi qu'il leur en coûte. C'est une consolation nécessaire, car mon départ pour la troisième course de la saison d'Indycar est un peu difficile. Ma femme et mes enfants me manquent. Je me sens loin d'eux, aux États-Unis, et les six heures de décalage horaire n'aident pas. À distance, j'essaie de rester attentif à la dernière dictée de Sacha ; au poème appris par Simon pour la fête des mères ; aux restes de la varicelle de Camille. De part et d'autre de l'Atlantique, nous continuons à partager tout ce que nous pouvons, même nos traditionnelles petites réunions avec les amis ! Loïc Duval est de passage à Indianapolis pour des tests ; alors que je dîne avec lui là-bas, Marion passe sa journée à la maison avec son épouse Gaëlle. Nos enfants jouent ensemble. Quelle vie parallèle, étrange et chanceuse !

Indianapolis. *The racing capital of the world*, comme elle se revendique fièrement. À l'issue des essais libres, je découvre que je suis dans le groupe qualificatif des pilotes les plus forts. Aïe. Comment vais-je m'extraire de ce guêpier ?

Le principe des qualifications diffère de celui que l'on connaît en F1, même s'il est aussi basé sur des phases éliminatoires. Il faut terminer dans le top 6 d'un groupe de douze pilotes pour accéder à la deuxième étape. Puis, de nouveau, sur le cumul des douze meilleurs des deux groupes, restent six promus, qui, enfin, joueront la pole position.

À quelques minutes de monter dans la voiture, je me demande bien comment je vais réussir à passer le cap, au moins, du premier tour.

Une heure plus tard, je « remporte » la première place.

Eh oui, je « remporte », c'est bien le verbe adéquat !

D'abord, parce qu'en Indycar, l'homme qui signe la pole position se voit attribuer un trophée, en plus d'un point au championnat.

Ensuite, parce que dès ma troisième course dans la discipline, c'est une véritable victoire.

Enfin, parce que derrière le chrono se cache une pluie d'émotions ; une autre signification, bien plus profonde ; une autre performance. Pas besoin de vous faire un dessin ! 3 668 jours séparent cette pole position de ma précédente. En GP2. En 2011. C'est presque dans une autre vie pour moi… Et je le dis avec un sourire très incisif !

C'est fou. Ce 14 mai, je reçois quasiment autant de messages qu'au soir du 29 novembre. Tout le monde m'acclame, me félicite, m'encourage. Moi, je me sens… vivant, tout simplement. Et c'est tellement bon. Le compétiteur est là, la soif de vaincre intacte. Et je n'ai plus qu'un seul centre d'intérêt, qui va vous faire rire : comprendre le protocole de départ de la pole position !

Forcément, un départ lancé en Indycar ne se prépare pas comme une mise en place sur la grille d'un Grand Prix de F1 ! Le pilote en pole a un rôle bien spécifique à jouer, et, modestement, je ne m'étais pas encore penché sur la question. J'apprends qu'il me faut entrer en contact avec le directeur de course, pour que je puisse lui exposer ma stratégie : à quelle vitesse je compte rouler, à quel moment je souhaite appuyer sur la pédale… Il doit pouvoir ordonner le drapeau vert en corrélation avec mon accélération.

Au matin de la course, le résultat du warm-up m'inquiète. Le feeling avec la voiture n'est pas le bon. Un mauvais présage ?

— Tu as signé le meilleur temps de celui à Barber, pour ta première course, et tu étais déçu du résultat, me dit Marion. Prends plutôt ça comme un bon signe ! Tu vas rester sur tes gardes, et ta voiture se préserve pour les 85 tours qui vous attendent, elle et toi.

85 tours. C'est long. Très long ! Mon départ réussi, je terminerai deuxième, dépossédé de la victoire par une stratégie de ravitaillement capricieuse et aléatoire en Indycar. Avant cela, mon dernier podium remontait au Grand Prix de Belgique, en 2015, alors… je

ne cracherai pas sur le résultat ! Bien sûr que ça fait beaucoup de bien… Ma femme me répète que je dois « réapprendre » à être heureux dans ma vie professionnelle. J'ai perdu le goût de la victoire depuis trop longtemps. Cela étant dit, je l'avoue : je suis un peu déçu également. L'histoire était tellement belle ! Il ne tient qu'à moi que ce ne soit que le début. Les prémices d'un retour triomphant ! Au sortir de ma voiture, déjà, le public américain m'applaudit, et me réchauffe le cœur. Je prends conscience que je suis désormais plus qu'un phénix. Je suis là où l'on ne m'attend pas, je crois, et cela s'est confirmé tout au long de ma carrière. Lorsque j'ai débarqué en F1 en plein milieu de la saison 2009. Lorsque j'en ai été viré après sept courses. Lorsque j'ai pris la tête du championnat du monde du FIA GT dans la foulée, sans avoir jamais effectué au préalable le moindre roulage. Lorsque j'ai remporté le titre en Auto GP sans participer à la totalité des épreuves. Lorsque je suis revenu en GP2 pour gagner, puis en F1 pour signer des podiums. Lorsque j'ai failli mourir brûlé vif dans les flammes. Lorsqu'enfin, six mois plus tard, je remontai sur un podium de l'autre côté de l'Atlantique, encore dans une autre discipline.

Ma carrière est folle.

Nos amis nous inondent de messages de soutien et d'affection. Marion leur répond : « On fêtera les victoires ensemble désormais. On a suffisamment pleuré de peur. C'en est fini. »

Elle a raison.

Marion

Il est 23 heures passées le vendredi 14 mai. Je suis épuisée, et je travaille le lendemain, mais tiens à veiller, malgré tout, les yeux rivés sur l'écran, pour regarder Romain signer la pole position à Indianapolis. Qui l'eût cru, six mois plus tôt, lorsqu'il gisait sur son lit d'hôpital, à Bahreïn ?

Nos enfants dorment. Je suis seule et je sais, bien avant la fin de la séance, qu'il peut le faire. Il en est tellement capable...

J'attrape mon téléphone portable et pianote dans le groupe WhatsApp que nous partageons avec Julien Fébreau, Adrien Paviot et Antoine Arlot :

Suis-je la seule à regarder les qualifs de Romain ?

Tour à tour, depuis leur propre appartement, séparés par des centaines de kilomètres les uns des autres, nos meilleurs amis me répondent dans la seconde.

Évidemment, aucun aurait manqué ça ! Nous commentons alors la performance de notre pilote bien-aimé en direct ; à distance, mais ensemble. Lorsqu'il en aura terminé, Romain découvrira l'intégralité de notre conversation, puisqu'il fait évidemment partie du groupe. Un nombre considérable de messages est échangé. J'écrirai alors à mon mari :

Bon... Je te préviens : tu vas trouver beaucoup de vidéos dans le groupe des *Solides*, car j'ai filmé la TV et tes exploits. Tu trouveras aussi des photos absurdes, voire

ridicules. Tu trouveras des blagues nulles, des remarques sans queue ni tête, des éclats de rire, mais surtout énormément d'émotion, et du soutien derrière tout ça. De ta femme, de tes potes. On t'aime, chéri.

Romain relève le défi qu'il s'est lancé haut la main. Et, comme à son habitude, ses performances sont ponctuées par des aventures originales. Rien n'est jamais provoqué mais... l'histoire lui colle à la peau ! À Détroit, lorsqu'il est contraint à l'abandon sur problème mécanique, les freins de sa monoplace prennent feu. Drôle et irrésistible, l'image fera le tour du monde. Sans y réfléchir, Romain Grosjean, le miraculé, le rescapé des flammes, se précipite fougueusement sur un extincteur pour éteindre lui-même l'incendie, car la voiture d'intervention n'est pas assez réactive ! « C'est l'instinct qui a parlé », en plaisantera-t-il. À qui d'autre que lui une telle péripétie pouvait-elle arriver ? Sincèrement ? Il recevra alors des tee-shirts de pompiers américains en pagaille, et la brigade de France lui enverra même un message pour l'inviter à découvrir leur univers, puisqu'il semble tant vouloir faire partie des leurs !

Depuis l'Europe, je ne perds pas une miette des vidéos de l'Indycar qui nous parviennent en direct, le soir tombé. Mon mari me confie son sentiment de plénitude. Je le vois s'épanouir et c'est délicieux. Je n'avais jamais remarqué auparavant à quel point le paddock de la F1 pouvait sembler étriqué... Nous qui tenons tant à notre vie tous les cinq, enfin, nous n'avons plus à nous cacher et sommes autorisés à venir ensemble sur les circuits. Partager les courses en famille et vivre chacune d'elles comme une fête n'est plus tabou ; bien au contraire, c'est un gage de valeurs essentielles prônées par les instances dirigeantes américaines !

Et puis… Il va falloir faire le plein de courage, car ce que nous craignions depuis quelque temps est confirmé, le 19 mai, par le chirurgien de Romain. Il devra subir une greffe à l'automne sur sa main gauche. Il ne pourra pas continuer plus longtemps à l'éviter. La qualité de son épiderme est trop médiocre, et six mois après l'accident, pas un jour ne passe sans qu'il ait mal. Je le vois bien. L'opération sera prévue dès la fin de la saison d'Indycar. Ainsi, sa résilience restera éternellement tatouée dans sa chair.

20

La conquête de l'Ouest

Romain

Le 5 juillet, Marion s'envole avec les enfants pour me rejoindre aux États-Unis. Forts de notre magnifique voyage en Floride, nous voulons réitérer l'expérience autour du lac Michigan cette fois, et nous nous lançons dans un périple de près d'un mois et demi avec Raoul. Au programme : de grandes villes comme Détroit ou Chicago, mais aussi des parcs nationaux, des petits plaisirs bien ancrés dans les mœurs de l'Amérique profonde pour satisfaire les yeux effarés de nos enfants (assister à une course de Monster Trucks, notamment, en rase campagne !), quelques tentatives plus ou moins fructueuses de jouer au baseball… sans compter une traversée épique en bateau, dans laquelle nous embarquons Raoul et sa surcharge pondérale.

C'est dire la démesure du pays ! Au total, neuf États traversés (Michigan, Indiana, Illinois, Wisconsin, Missouri, Ohio, Tennessee, Kentucky et New York), plus de 4 000 kilomètres parcourus, et des émotions que j'aurais bien du mal à coucher sur le papier… Elles nous tiendront chaud longtemps, cet hiver, ou lorsque je descendrai au bloc opératoire pour subir la greffe de peau prévue sur ma main gauche.

En attendant, avant toutes nos pérégrinations, j'ai d'ores et déjà annoncé officiellement ma participation à la course sur l'ovale de Gateway. Il ne faut jamais dire « jamais » ! Et il s'agit d'une épreuve relativement courte par rapport aux autres. Prenez les 500 miles d'Indianapolis, divisez-les en deux, et vous en obtiendrez la mesure. Bien sûr, nous en avions discuté en amont avec Marion ; elle savait combien c'était important pour moi d'essayer, pour savoir si j'étais capable de m'engager jusqu'au bout dans ce championnat, qui compte au moins trois ou quatre ovales à l'année. Le 27 juillet, ma femme m'accompagnera avec nos enfants à la journée de test qui entérinera mon potentiel, même si je reste plus amateur des tracés routiers, je dois le reconnaître.

Sur les réseaux sociaux, Marion rédigera alors un post qui me touchera beaucoup. Pour légender des photos qu'elle prendra elle-même en bord de piste, sur cet ovale qui l'angoisse tant, elle écrira :

Son casque, avec nous dessus. Celui qu'il devait porter pour son dernier Grand Prix en F1.

Sa main, évidemment. Seule séquelle physique encore apparente.
Nos enfants ? En extase, naturellement !
Les photographes : concentrés, comme à leur habitude.
Et moi, enfin, qui oscille entre les deux sentiments…
Je ne peux m'empêcher de tout mitrailler. Comme si mes clichés pouvaient être meilleurs que ceux des pros !
Comme s'il fallait que je m'assure que le moment serait parfaitement immortalisé. Pour que l'on s'en souvienne, tous les cinq.
« Le jour où papa a fait son premier test sur ovale... On y était ! »
Certains avaient sous-entendu qu'il romprait sa promesse de nous protéger en roulant sur ce type de tracé. Pourtant, il me semble que la seule promesse jamais formulée à ce jour entre nous est celle de se soutenir l'un l'autre, coûte que coûte.
Elle est largement tenue.

Ma femme !

Enfin… Pendant que je travaille, il faut voir nos trois petits monstres déambuler dans le paddock avec leurs trottinettes ! Sacha entretient son niveau d'anglais avec mes mécanos, quand il ne fouine pas à l'entrée des camions pour quémander une photo avec les autres pilotes (« Il est où, Sébastien Bourdais ? Attends…

Je crois que j'ai reconnu Colton Herta, là-bas ! »). Simon ne perd pas une miette du moindre tour de roue de chaque voiture (« C'est qui le 12, déjà ? »). Camille, fière de son trois-roues rose flambant neuf assorti à son casque antibruit et sa robe à bretelles, explique à Tigrou, son doudou, ce qu'elle comprend de l'endroit où nous sommes, et ce que nous y faisons.

— Mais il est où le circuit, papa ?

— On est dessus, ma chérie. En plein milieu ! Au centre de l'ovale…

À peine deux jours plus tard, nous célébrons le huitième anniversaire de Sacha dans l'enceinte du Motor Speedway d'Indianapolis. Le patron nous laisse très gentiment y camper avec Raoul. Seuls dans ce temple de la vitesse reconnu internationalement, nous regardons l'aîné de nos petits Grosjean souffler les bougies de son gâteau américain ; un cake au chocolat couvert de pâte sucrée. Sacha n'a plus besoin d'aide, désormais, pour éteindre les flammes d'un seul coup. Il a tellement grandi… Ses poumons sont suffisamment forts et puissants. Au moins autant que son premier cri sur terre, poussé jour pour jour huit ans plus tôt ! Il nous ramène à une nostalgie heureuse. À cet instant précis, nous sommes les rois du monde.

Cela étant dit, la vie dans Raoul a tout de même son lot de problèmes, n'allez pas croire le contraire !

— Mais… Qui a fini les céréales ? Simon ? C'est toi ?

— Papa, je crois que Raoul fuit, il y a de l'eau qui coule à l'arrière…

— Dis… C'est normal s'il n'y a plus d'eau chaude dans la douche ?

— Non, Marion, on ne peut pas rester garés là pour aller prendre une photo de la statue de Fonzie, même si tu étais une fan d'*Happy Days*. Tu vois bien que Raoul occupe sept places de parking à lui tout seul…

— Tu es sûr que ça passe sur cette route de campagne ?

— Marion, tu peux gérer le GPS correctement, ou pas ?!

— Comment ça, il est hors de question que tu conduises, même sur un kilomètre ? Mais je te jure que ça se manœuvre aussi bien qu'une voiture !

J'aime cette vie de nomade, je crois. Chaque hectare foulé est un terrain de jeux et d'aventure pour les enfants, et les avoir avec moi sur les circuits, une source d'orgueil intarissable. Je les observe courir, s'extasier et poser mille et une questions, même si leur intrépidité est parfois épuisante ! Ils me rappellent moi, enfant, et les rêves que je nourrissais. Ceux que j'avais perdus de vue ces dernières années. À travers leurs yeux, je retrouve enfin intacte la passion que je portais alors à mon métier. Et me rends compte de la souffrance qui a été la mienne à la voir se déliter au fur et à mesure de mes années en F1 ! J'en discuterai avec Loïc Duval et Sébastien Bourdais, entre autres. Deux pilotes bien dans leur peau, qui ont su briller dans d'autres sphères

Leur analyse n'est pas tirée d'un échec, mais d'expériences de vie différentes, et je les rejoins sur un point essentiel : la frustration de ne pas être champion du monde dans la discipline reine n'est rien, comparé au plaisir pris dans toutes les autres courses, toutes les autres compétitions auxquelles j'ai pu participer.

Les États-Unis, eux, sont une terre d'accueil chaleureuse. Marion et moi nous surprenons même à ne pas ressentir un manque trop flagrant de l'Europe, et projetons un éventuel déménagement de l'autre côté de l'Atlantique, en famille. Pour quelques mois, quelques années, toute une vie, qui sait ? Le fouillis des rues escarpées du vieux continent, le coucher de soleil sur Montmartre ou le relief de ma Suisse natale avalé par les roues de mon vélo… bien sûr, ce sont autant de paysages introuvables en Amérique, mais je sais que nous pourrons y revenir, pour faire le plein des sens. Là-bas, je le sens, nous serons heureux, et nous y inviterons nos proches lorsque les hivers seront trop froids. Comme je vous l'ai déjà dit à plusieurs reprises, à l'impossible nul n'est tenu.

En attendant, en ce début du mois d'août, aucun contrat ne me lie au Nouveau Monde au-delà de celui que j'ai avec Dale Coyne, et je débarque comme convenu pour la course de Nashville à bord de Raoul en compagnie de ma petite tribu ; fier d'elle et de notre apprentissage accéléré de la géographie américaine ! Marion en plaisante sur Instagram, mais le voyage enrichit notre piètre culture. Qui, en Europe, sait placer sans hésiter le Tennessee ou le Wisconsin sur une carte ?

Ce premier Grand Prix devant mes enfants tiendra toutes ses promesses en termes d'émotions. L'accueil du public qui scande mon prénom les laisse cois.

— Pourquoi les gens t'appellent dans les tribunes ? demande Simon.

Pour mes fils, les vedettes s'appellent Sébastien Bourdais, Simon Pagenaud, Colton Herta…

Bref, tous les pilotes autres que papa ! Car papa, c'est… papa. Ce n'est pas pareil !

En termes de performance, ils verront le meilleur, mais aussi le pire de ce que peut offrir le sport automobile sur un seul week-end ! Je m'élance à une très belle cinquième place et prends la tête de l'épreuve un temps avant… de finir loin, au dix-septième rang ! La faute à une stratégie malchanceuse. Plus de la moitié de la course se déroule sous des drapeaux jaunes tenaces, suite à de multiples accrochages dans les rues de la ville.

Lorsque je retire ma combinaison, éreinté et dépité dans le motorhome, Sacha, fine mouche, remarque un changement passé jusque-là inaperçu dans ma tenue traditionnelle de pilote :

— Tiens… Tu ne roules plus avec tes gants rouges, papa ?

Voilà une réflexion à laquelle je ne m'attendais pas. Elle me tire aussitôt de mon marasme.

— Non, c'est vrai, chéri.

— Pourtant, tu roulais toujours avec des gants rouges en F1 !

Décidément, rien ne lui échappe !

— Oui, mais j'avais envie de changer.

— Pourquoi ? insiste mon fils.

Je jette un coup d'œil à Marion. Elle me regarde, prête à intervenir. Je reprends :

— Parce que j'ai effectivement couru toute ma carrière en F1 avec des gants rouges… Alors comme j'ai changé de catégorie, tu vois, j'avais envie de changer de gants !

Sacha se contentera de cette explication, mais vous devinez bien que la raison de ma nouvelle « lubie » cette saison est ailleurs.

Le rouge qui vire au noir…

Je n'ai plus envie de revoir ça. Jamais. L'image est dans ma tête ; très bien, mais qu'elle y reste ! Elle ne me collera plus à la peau, au sens propre du terme ! J'en fais un point d'honneur.

Six jours plus tard, s'ensuit une nouvelle course à Indianapolis. Le Motor Speedway est devenu une vraie résidence secondaire pour la famille Grosjean ! Les enfants plaisantent avec les gardiens du musée ; nous avons longuement flâné au zoo, pris la pose devant la Grosjean Avenue (oui, comme le veut la tradition, la ville a baptisé une rue à mon nom après ma première participation !). Salon de coiffure, cages d'entraînement au baseball, restos préférés… Nous avons nos repères ! Se sentir à la maison a un impact particulièrement positif sur mes résultats. Sous les yeux de Sacha, Simon et Camille, je monterai une nouvelle fois sur la deuxième marche du podium.

Oh le bonheur de les voir se ruer sur moi après la ligne d'arrivée… Encore casqué et ganté, à peine extirpé de ma monoplace, j'enlace mes enfants avec émotion. Chaque seconde de cette étreinte vaut de l'or. Marion est là, bien sûr. Elle assiste à la scène parmi les journalistes et les caméras qui immortalisent l'instant. Auparavant, nous n'avions jamais laissé qui que ce soit filmer nos petits. Pourtant, de l'autre côté de l'Atlantique, rien ne nous inquiète plus. Les Américains sont bienveillants envers les petits Frenchies que nous sommes, et il n'est plus question de nous empêcher de vivre comme bon nous semble. Les instances de l'Indycar sont également beaucoup moins sévères avec les familles des pilotes, et les miens m'accompagnent, tête haute, déambulant en conférence de presse ou au pied du podium sans avoir à se justifier ou, pire, à s'excuser d'être là !

Je les arrose de champagne. Ils rient. Marion commente la mauvaise qualité du breuvage, mais ni elle ni moi ne nous en plaindrons. Il a le goût du bonheur.

Ce sera la dernière course à laquelle mon clan assistera cet été. Retour à l'école oblige ! Au lendemain de l'épreuve, nous nous envolons pour achever notre voyage par une ultime escapade, à New York. Simon rêvait depuis toujours de voir la statue de la Liberté, la grande ! Celle de Paris, il la connaît déjà ! Pendant quatre jours, nous arpenterons les rues de la Grosse Pomme, du 9/11 Memorial au Rockfeller Centre ; de Brooklyn à Central Park… Nous sommes effarés par ma célébrité ici aussi… Les passants m'arrêtent pour me féliciter, me demander des selfies ou me serrer la main, avec chaleur et jovialité. Je ne bouderai pas cette reconnaissance gracieuse, et ne refuserai aucune accolade spontanée. D'autant que le séjour est court ; le jeudi 19 août, Marion rentre en Europe avec les enfants pour préparer le retour à l'école, et moi, je me dirige vers Saint-Louis pour participer à ma première course sur ovale, à Gateway. 260 tours de piste au programme, et un timing serré car essais et Grand Prix sont concentrés sur la seule journée du samedi. Il va me falloir être en forme !

Je rallierai l'arrivée à une quatorzième place mal payée, qui ne reflète pas, je crois, ma prestation. Encore piégé par la stratégie des arrêts au stand sous drapeau jaune, et une bête erreur de ma part en pneus froids, je dégringole dans le classement malgré huit ou neuf dépassements ! Je franchis le drapeau à damier, épuisé et nauséeux. Tourner en rond à haute vitesse me donne envie de vomir ! Les autres pilotes s'en amusent. Il paraît que je m'y habituerai… Je vous en reparlerai l'année prochaine, lorsque je prendrai part à mes premières 500 miles d'Indianapolis ! C'est acté…

Marion

Ah… Les découvertes successives du Midwest et de l'Indycar ! Et le retour à la compétition de Romain, au cœur de notre été ! Les conditions sont optimales, pour lui comme pour nous. Son ingénieur chez Dale Coyne Racing, Olivier Boisson, est un Français expatrié depuis de nombreuses années, et marié à une adorable Américaine, Kate. Il nous suffit d'une seule soirée ensemble pour savoir que notre amitié sera durable et sincère, tant l'entente est immédiate. Le « coup de foudre » n'est forcément amoureux !

À titre professionnel, le duo que forment le pilote et son ingénieur s'est déjà harmonisé au fil des courses, je le constate avec plaisir lorsque nous arrivons à Nashville. Je ne me sens pas déboussolée par le fonctionnement de la discipline, et retrouve intact le caractère compétitif de mon mari. Seule m'interpelle son approche, bien plus enthousiaste et positive qu'avant. Il n'est plus question de bouder, râler, ou taper dans un mur. Il n'a gardé que le meilleur de sa fougue ; conserve la tête haute en toutes circonstances, et fait l'unanimité partout où il passe, grâce à son humilité. Celle-ci ne sera jamais surjouée.

Loin des regards suspicieux que nous avons connus en F1, règne une ambiance bon enfant dans le paddock. C'est vraiment agréable. Et puis… il y a Craig. Celui qui s'occupe de la maintenance de Raoul ! Celui qui l'emmène de course en course quand Romain ne s'en charge pas lui-même. Les enfants se prennent d'affection immédiate pour cet Américain pure souche et son sourire jovial. Derrière ses épaules carrées se cache un homme d'une douceur sans égale. Il veillera sur Sacha, Simon et Camille, leur apprendra quelques mots d'anglais appropriés en échange de leur vocabulaire français si imagé ! Notre niveau en langue s'améliore, mais nous prenons également plaisir à retrouver nos compatriotes francophones.

— Claire Bourdais a raté son vol, me dit un soir Romain à Nashville. Sébastien est tout seul dans son motorhome.

Qu'à cela tienne ! Qu'il vienne dîner dans le nôtre… Il suffit d'ajouter un couvert ! Le barbecue est déjà chaud…

À Indianapolis, Craig offre à nos fils, en guise de souvenir, des répliques miniatures de leurs voitures préférées : celles de Colton Herta et Simon Pagenaud. Simon, le nôtre, ira frapper à la porte du camion de son homonyme pour lui demander de la lui signer, et ce dernier s'exécutera volontiers.

Par-dessus l'épaule de Romain, sur son téléphone, je lis aussi parfois ses échanges avec les autres pilotes de la discipline. J'y découvre un florilège d'encouragements à l'approche de sa première participation sur une course en ovale ; quelques plaisanteries potaches, des conseils… Du plus loin que je m'en souvienne, je ne crois pas qu'il ait jamais entretenu ces liens simples et francs avec ses confrères en F1 ! Je suis heureuse pour lui. Les États-Unis lui vont bien.

Il faut être honnête : aucun d'entre nous n'a envie de rentrer ! Au lendemain du magnifique podium à Indianapolis, nous quittons Raoul, la larme à l'œil, pour nous rendre dans un hôtel à New York et y séjourner avant le retour en Europe. Je retrouve alors, pour parachever notre été, la magie d'une ville que je connais bien, et que je n'avais pas visitée depuis neuf ans. Mon Franco-Suisse compte le nombre de klaxons dans les rues, mais moi, je marche la tête en l'air pour admirer les gratte-ciel.

La tête en l'air… Vers un ciel bleu azur. Il me faudra au moins ça pour affronter la suite !

La course sur ovale me terrifie. Avec le décalage horaire, en Suisse, elle a lieu en pleine nuit, à 2 h 30. Les qualifications se déroulent peu avant, à 23 heures. Ma rentrée avec les enfants est rude.

« Dors, chérie, m'écrit mon mari. Tu liras les résultats au petit déjeuner. »

Il est drôle ! Comme si c'était possible ! Je suis épuisée par le retour, mais l'angoisse me tenaille. Je songe à l'explosion. Je m'entends encore dire à mon beau-père, dans la seconde qui s'est ensuivie : « C'est Romain. »

Avec le temps, j'ai pris du recul, bien sûr. Désormais, à chaque fois que je repense à cette scène d'horreur, je crois y assister comme une simple spectatrice. Comme si c'était une autre que moi qui l'avait vraiment vécue et subie. Faut-il que j'aime mon pilote pour m'infliger cette nouvelle séance de torture à distance ! Devant les enfants, je ne laisse rien paraître, bien sûr. Je ne les informerai même pas en amont de la course de papa à Gateway. Ils en prendront connaissance à leur réveil, le lendemain, pour que rien ne puisse perturber leur précieux sommeil avant la rentrée des classes.

La treizième étape de cette saison d'Indycar est une hécatombe. L'ovale est jonché des épaves de monoplaces accidentées, à commencer par celle de l'équipier de Romain, Ed. Jones. Mais mon homme tient bon. Jusqu'au bout. Les commentateurs américains sont dithyrambiques à son sujet. En participant à cette épreuve spéciale, il vient de lever le dernier doute sur ses capacités à devenir une future star de la discipline. Les appels et propositions de contrat pleuvent. Le *merchandising* des casquettes et tee-shirts à son effigie s'écoule en quelques jours. *Romain Grosjean n'a donc peur de rien !*

Je viens le chercher à l'aéroport le 23 août. Nous nous sommes quittés il y a quatre jours à peine mais avons échangé mielleusement des dizaines de textos pour nous confier notre manque l'un de l'autre. Nous sommes plus proches que nous ne l'avons jamais été, après ces derniers mois passés en presque huis clos, sept jours sur sept et vingt-quatre heures sur vingt-quatre. Dans la voiture, sur le chemin qui nous ramène à la maison en ce lundi après-midi, je jette spontanément un coup d'œil à sa main gauche. Cette main brûlée et enflammée. J'imagine la douleur que Romain tait la plupart du temps, mais qu'il laisse échapper parfois, dans un souffle ou un regard. Cette douleur me donne le vertige. Malgré la greffe, nous savons qu'il en restera toujours une trace, et quelque part, j'imagine que c'est tant mieux. Elle fait partie de lui, et de nous.

Vous l'avez peut-être constaté, au fur et à mesure que je me livre à vous, certains mots thérapeutiques jaillissent et font tomber la pudeur de mes sentiments. J'ose donc enfin vous avouer que depuis le 29 novembre, en plus du livre d'Emmanuel Carrère précédemment mentionné, je pense aussi beaucoup à celui d'Éric-Emmanuel Schmitt, qui m'a tant traumatisée : *La Part de l'autre*. Il y relate l'abominable métamorphose d'Adolphe Hitler en monstre sanguinolent, et y rédige en parallèle des chapitres uchroniques dans lesquels il imagine quelle personne l'assassin de l'humanité aurait pu devenir s'il n'avait pas été recalé au concours d'entrée de l'Académie des Beaux-Arts de Vienne.

L'idée me trotte dans la tête.

Quelle autre moi-même serais-je devenue si Romain n'avait pas survécu ?

Évidemment, la question n'engendre pas de conséquences sur le devenir de millions d'hommes et de femmes. Pourtant… l'effet papillon, vous connaissez ? L'impact aurait forcément changé mon destin, et surtout celui de nos trois petits. À l'heure où j'écris ces lignes, je n'ai plus qu'une seule certitude, résultant du contrat moral que nous avons passé le jour où nous sommes devenus parents.

Je serais restée debout, pour Sacha, Simon et Camille.

Je les aurais aimés pour deux, et plus encore s'il l'avait fallu. Vaille que vaille.

Que cette conviction ne pousse pas leur père à prendre des risques insensés ! Elle n'a pour but que d'apaiser mon angoisse pour affronter toutes ses courses à venir, jusqu'à la fin de sa carrière. Et je lui souhaite sincèrement qu'elle soit la plus longue possible. À la hauteur de son désir de piloter.

21

Le meilleur reste à venir

Romain

Trois jours après ma première course sur ovale, le mercredi 25 août, je reçois et signe un contrat de plusieurs années avec la prestigieuse équipe Andretti en Indycar. Une équipe de haut de tableau. C'est complètement fou.

Bien sûr, j'éprouve de la peine à l'idée de quitter Dale Coyne en fin de saison. J'apprécie le patron autant que l'homme, et je n'oublierai jamais la main qu'il m'a tendue, avant même de savoir si je serais capable de piloter de nouveau après mon accident. Mais cette séparation à l'amiable est nécessaire, j'en ai conscience, si je veux construire une carrière de longue haleine aux États-Unis. Marion et moi commençons à nous organiser pour préparer un déménagement outre-Atlantique, et ce n'est pas une sinécure. Il faut que je puisse pérenniser notre foyer.

— Ce n'est pas la logistique avec les enfants qui me dérange, dans tous tes allers-retours entre l'Europe et l'Amérique, me dit ma femme. Je n'ai pas peur d'être seule pour les rendez-vous chez le dentiste ou les devoirs. Mon problème, poursuit-elle, c'est le manque de nous.

Je ne peux que lui donner raison. Les déplacements sont trop coûteux en termes de temps perdu pour nous cinq. Le contact est pris avec une école sur le territoire américain, et les recherches de maison commencent avant même que je ne reparte pour les trois dernières courses du championnat. Noël se fera probablement là-bas.

Ma première saison d'Indycar va donc s'achever bientôt, et il y aura encore beaucoup à raconter. Le retour en Europe pour mettre en ordre nos affaires ; le prochain contrat, le prochain défi à relever… quoique celui-ci, je le connaisse déjà ! Mon opération de la main gauche, impérativement. Je l'évoque peu, car je préfère voir plus loin, et anticiper le meilleur ; à savoir ce qui m'attend après, l'an prochain, quand je serai définitivement réparé !

Tiens… voilà un trait de caractère que je partage avec mon fils aîné. Je peux vous raconter l'anecdote ; Marion avait adoré l'expression que j'avais utilisée pour consoler Sacha, cet été. Il s'était découragé et emporté contre lui-même, après avoir tenu un raisonnement erroné dans un exercice de maths. Il avait voulu brûler une étape, avoir un coup d'avance, et le résultat de son calcul en était… faux.

— Mon fils, tu sais, on peut toujours corriger notre envie d'aller plus vite que la musique. La preuve : on peut bien transformer un cheval trop rapide en cheval de course. En revanche, tu ne pourras jamais rien faire d'un cheval qui va trop lentement !

Avec le temps, j'ai appris à maîtriser ce tempérament qui m'a parfois joué des tours. Je ne crois pas en Dieu, mais à l'instinct, et au destin. Cela m'a aidé à traverser les épreuves. Je parle facilement de mon accident, sans trémolo dans la voix ni amertume, quelles que soient les cicatrices apparentes sur mon corps. J'assume toutes mes années dans la « catégorie reine » ; mes erreurs, et les siennes, aussi ! Car il ne faut pas croire que la F1 n'est pas responsable de mon désœuvrement à certains moments, sans vouloir accabler qui que soit !

Bien sûr, elle est fabuleuse, à plus d'un titre. Elle ne nous ferait pas autant rêver, si ce n'était pas le cas. Ce n'est pas une chimère, je peux volontiers vous l'assurer, j'étais trop fier d'en être l'un des principaux acteurs pendant de nombreuses années. Et, aujourd'hui encore, je continue à regarder les Grands Prix avec plaisir, dès que mon planning le permet. Mais… je continue aussi à éteindre la télé au drapeau à damiers, en maugréant…

C'est toujours le même qui gagne...

Qu'est-ce que c'était long !

Franchement… Quel passionné de sport automobile ne se retrouve pas dans ces propos ?

En déesse vénéneuse, la « discipline reine » nous fait parfois miroiter des ambitions qui broient les plus ingénus d'entre nous, malheureusement. Sur la piste, la chute n'en est que plus dramatique, et le prix à payer, parfois lourd en conséquences, pour ceux qui tentent de s'approcher trop près du soleil. Je parle en connaissance de cause : je m'en suis brûlé la main !

Pourtant, sérieusement, le danger qui guette à chaque virage n'est-il pas, aussi, ce qui nous anime et nous attire ?

Je connais les risques autant qu'avant, en Indycar. J'accepte les règles, mais je ne serai jamais prêt à tout pour gagner. J'ai une famille qui compte sur moi.

Tout est toujours une question d'équilibre, vous ne pensez pas ? Nous sommes tous des funambules, chacun à sa façon. Il ne tient qu'à nous de trouver ce qui nous rend heureux. Vraiment heureux. J'ai la chance d'être soutenu dans mon entreprise par les miens, et je ne tiens pas à les décevoir. Ils le savent, comme ils savent que la compétition est un trait inhérent de ma personnalité ; de qui je suis, intrinsèquement.

Souvent, la question revient. On demande aux pilotes dans les paddocks, quels qu'ils soient : « Alors ? Le plaisir pris vaut-il le risque encouru ? »

Tant que ma réponse sera oui, vous pourrez être sûrs de me croiser encore sur les circuits…

Marion

Tout est toujours possible.

Nous voilà donc arrivés au dernier chapitre de ce livre, mais pas de l'histoire, c'est certain ! De quoi demain sera-t-il fait ? Des écoles de cuisine à l'un des accidents les plus terrifiants de la F1 moderne… De déménagement en déménagement, de part et d'autre de l'océan Atlantique, qui peut prévoir ce qui nous arrivera prochainement ? Où serons-nous dans six mois ou un an ? Une seule certitude : le 29 novembre 2020 est une date clé qui conditionnera le reste de notre existence, à tous les cinq. Romain se fait un devoir d'y penser chaque matin. Pour que chaque jour compte. Il a tellement raison.

Je me souviens d'une discussion que j'avais eue avec Frank Lebœuf, à l'époque où je travaillais avec lui à TF1. Évidemment, je n'avais pas pu m'empêcher d'évoquer le 12 juillet 1998, et m'en étais aussitôt sentie gênée.

— Tout le monde doit t'en parler tous les jours, avais-je bredouillé. Ça doit être pénible, à la longue…

— Oui, on m'en parle tous les jours. Mais tu sais quoi ? Ça fait partie de mon ADN. Ça définit aussi qui je suis. Un peu.

Aujourd'hui, même un an plus tard, il y a toujours quelqu'un pour interroger Romain sur son accident du 29 novembre 2020. Toujours quelqu'un pour y faire référence. Ça le définit, lui aussi. Un peu.

Depuis, le mot est sur toutes les lèvres. C'est le premier auquel les médias font référence quand ils l'évoquent. Il n'a pourtant rien de courant, mais c'est un mot enfoui, il me semble, parmi les plus beaux de la langue française. Un mot presque désuet tant il était, jusque-là, peu emprunté. Un mot qui nous colle à la peau désormais.

Résilience.

La résilience n'empêche pas la peur, mais elles savent très bien s'accommoder l'une de l'autre. Croyez-moi sur parole, puisque je vis avec les deux au quotidien ! Oui, j'ai peur. Au moins autant qu'avant. Faudrait-il le taire ? Ou le crier sur tous les toits ? J'ai compris sur le tard que le pire n'était pas l'incertitude de ces 2 minutes et 43 secondes suspendues, même si cela paraît surprenant. Tant qu'on est dans l'ignorance, le cerveau refuse d'imaginer l'horreur. Il était impensable que Romain ne sorte pas indemne de sa voiture en feu.

Non. Le pire, c'est *après*. Lorsque l'on sait qu'il est vivant, qu'il va bien, que la vie va reprendre son cours « normal », aussi normal qu'il puisse être, en tout cas.

Le pire, c'est… *La Part de l'autre*.

C'est penser à l'autre scénario possible, *a posteriori*. À ce qui aurait pu se passer si le moindre grain de sable avait modifié le cours des événements. S'il était resté prisonnier des flammes. S'il avait perdu connaissance. S'il n'avait pas eu les bons réflexes au bon moment.

S'il avait fallu que je sorte de cette salle de cinéma, pour expliquer à nos enfants que papa ne reviendrait plus jamais, et qu'ils allaient devoir grandir sans lui.

Si le monde avait continué d'avancer et de tourner sans son rire et sans sa voix.

Si j'avais été empêchée de poursuivre ma vie à ses côtés.

Depuis leur plus tendre enfance, j'ai toujours dédramatisé, avec Sacha, Simon et Camille, les déplacements de leur père. Nous avons l'habitude de faire des tableaux pour cocher les croix qui représentent les « dodos » loin de lui. Et, pour les réconforter, quand il leur manque vraiment trop fort, je leur explique que même loin, même à des milliers de kilomètres, Romain reste toujours avec eux, car il est dans leur cœur, à chaque battement, à chaque souffle.

Eh bien. Je ne suis pas sûre que ça leur aurait suffi. Si ce grain de sable, que j'évoquais…

S'il…

Le pire, c'est cette question qui subsiste, et ce conditionnel auquel je me dois, pour ne pas devenir folle, de ne plus penser.

« S'il. »

Il faut arrêter de chercher à comprendre pourquoi ou comment il en est sorti indemne. Il faut juste l'accepter.

Alors il faut vivre plus fort encore, non pas pour oublier ou effacer, mais pour être plus heureux. La résilience des cœurs n'est pas seulement celle de Romain, même s'il en est un magnifique exemple. Ne soyons pas présomptueux… Elle est aussi celle des familles de Jules Bianchi ou d'Anthoine Hubert. Celle de tous les autres avant eux, qui ont perdu l'un des leurs, emporté par leur amour pour le sport automobile. Celle des survivants, Loïc Duval, Guillaume Moreau, Juan Manuel Correa et j'en passe, qui auraient pu ne plus jamais témoigner après leurs accidents. Elle appartient tout autant à Jean-Paul Driot, qui a combattu dignement jusqu'au bout la maladie, tête haute sur le muret des stands. À Mick Schumacher, bien sûr, qui honore chaque jour la gloire de son père, ou à Charles Leclerc, qui grandit sans le sien. Elle est la leur autant que la vôtre, sans doute, qui que vous soyez. Elle est, en tout cas, commune à toutes ces personnalités fabuleuses et excentriques que nous avons croisées dans les allées des paddocks ces dernières années, et qui ont consacré leur vie à leur passion.

Mon amie Gaëlle Duval a subi l'accident de son mari au Mans, longtemps avant moi, je vous l'ai dit. Je savais son expérience et lui ai donc demandé comment elle a surmonté ses angoisses, lorsque Loïc a repris la compétition automobile, un peu plus tard.

— Oh… Je pars du principe qu'il l'a eu, son gros accident. Et qu'il n'en aura plus, m'a-t-elle répondu humblement.

Question de statistique. Ou de philosophie !

Bien sûr, pour les plus pessimistes, il y a l'*autre* école. Il y a ceux qui pensent qu'il vaut mieux ne pas tenter le diable une seconde fois. Certainement comme Gene Haas, qui a refusé de s'engager avec Romain en Indycar après l'accident.

Je ne crois ni en l'une, ni en l'autre. On peut aussi prendre un pot de fleurs sur la tête en pleine rue parisienne ! C'est ce qu'on appelle, sûrement, le « destin ». Et celui de Romain est exceptionnel. Aujourd'hui, j'en suis plus que jamais convaincue.

Voilà… J'espère avoir retranscrit fidèlement l'expérience qui est la nôtre, sans qu'elle vous paraisse trop mielleuse, aigrie, ou pire, condescendante ! Loin de nous l'idée de donner des leçons, et vos yeux auront tout le loisir d'interpréter ces pages… Je suis simplement heureuse qu'elles existent. Qu'elles nous rappellent que tout est éphémère. Ce sera déjà bien.

Le récit fini, l'écriture de notre vie est toujours en cours ! Comme je l'ai mentionné sur les réseaux sociaux, peu après le 29 novembre :

> *Quels que soient les paddocks, les combinaisons, les voitures ou les championnats. Les débuts de saison ou les fins de carrière. Quels que soient nos rêves, ou les vôtres, même les plus fous, tout est toujours possible.*

Prenez soin de vous, et chérissez vos proches.
Nous vous embrassons.

★

Remerciements

À la voix de Julien, qui m'a aidée
à tenir debout quand il le fallait.

À nos meilleurs amis ; Antoine, Adrien…
Nous avions promis de vous citer.
C'est fait, les *Solides* !

À ceux qui y ont cru, et ceux qui y croient encore.

À vous. À votre soutien inconditionnel.

Achevé d'imprimer en novembre 2021
sur les presses de la Nouvelle Imprimerie Laballery
58500 Clamecy
Numéro d'impression : 111302

Imprimé en France

La Nouvelle Imprimerie Laballery est titulaire de la marque Imprim'Vert®